CB069124

SOM do VINIL

UM PROGRAMA	REALIZAÇÃO	PRODUÇÃO
CANAL BRASIL	MACACOALFA	ímã

APOIO CULTURAL	PATROCÍNIO			
Oi futuro	oi	GOVERNO DO Rio de Janeiro — SOMANDO FORÇAS	SECRETARIA DE CULTURA	LEI ESTADUAL DE INCENTIVO À CULTURA

ENTREVISTAS A CHARLES GAVIN

ROSA DE OURO 1965

ARACY CÔRTES E CLEMENTINA DE JESUS

SOM do VINIL

SOM do VINIL

A IDEIA JÁ EXISTIA, MAS SÓ COMEÇOU A GANHAR FORMA a partir de um encontro com Geneton Moraes Neto numa esquina do Baixo Leblon, sábado de manhã. A certa altura do bate-papo eu disse ao jornalista (e amigo) que há muito tempo vinha pensando em montar um banco de dados na internet, onde seria possível compartilhar o conteúdo das entrevistas de O Som do Vinil, algo que muita gente sempre me cobrou.

Desde que começou a ser produzido, em 2007, o acervo foi ganhando valor inestimável, fruto da generosa colaboração dos convidados, que revelam histórias sobre suas canções, seus discos e suas carreiras, recompondo nossa história capítulo a capítulo.

Indo mais longe, afirmei: "nesses tempos em que o espaço na mídia televisiva está se tornando cada vez mais escasso para as vertentes da música brasileira, iniciativas como essa acabam se transformando em estratégicos abrigos de proteção à nossa diversidade cultural, expressa através das artes. N'O Som do Vinil, quem conta a história da música brasileira é quem a fez — e a faz".

Geneton ouviu tudo com atenção, concordou e aconselhou: "você tem que colocar isso em livro também. Pense que, daqui a décadas ou séculos, os livros ainda estarão presentes. Eles sobreviverão, seja qual for a mídia utilizada. Tenha certeza: colocou em livro, está eternizado, é pra sempre".

Cá estamos. A ideia se materializou e o projeto que disponibiliza sem cortes, na íntegra, algumas das centenas de entrevistas que fiz neste anos de O Som do Vinil está em suas mãos. Agradeço ao mestre e também a todos que, de alguma forma, ajudaram.

Aproveite. Compartilhe.

Charles Gavin

Um programa do Canal Brasil

Concepção
André Saddy, Charles Gavin, Darcy Burger e Paulo Mendonça

[Temporadas 2007, 2008, 2009 e 2010]
Apresentação, direção e pesquisa Charles Gavin
Direção Darcy Burger
Assistentes de direção Juliana Schmitz, Helena Machado, Barbara Lito, Rebecca Ramos
Editores Mariana Katona, Raphael Fontenelle, Tauana Carlier e Pablo Nery
Pesquisa e pauta Tarik de Souza
Coordenação de produção Crica Bressan e Guilherme Lajes
Produção executiva André Braga
Produção Bravo Produções

[Temporadas 2011, 2012 e 2013]
Apresentação, direção e pesquisa Charles Gavin
Direção Gabriela Gastal
Assistentes de direção Maitê Gurzoni, Liza Scavone, Henrique Landulfo
Editores Tauana Carlier, Thiago Arruda, Raphael Fontenelli, Rita Carvana
Pesquisa e pauta Tarik de Souza
Coordenação de produção Henrique Landulfo
Produção executiva Gabriela Figueiredo
Produção Samba Filmes

Equipe CANAL BRASIL
Direção geral Paulo Mendonça
Gerente de marketing e projetos André Saddy
Gerente de produção Carlos Wanderley
Gerente de programação e aquisição Alexandre Cunha
Gerente financeiro Luiz Bertolo

No sulco do vinil

QUE O BRASIL NÃO TEM MEMÓRIA É UMA TRISTE CONSTATAÇÃO.
Maltratamos nosso passado como malhamos Judas num sábado de Aleluia, relegando-o ao esquecimento empoeirado do tempo. Vivemos do aqui e agora como se o mundo tivesse nascido há 10 minutos, na louca barbárie do imediatismo. Esse ritmo frenético de excessos atropela não só reflexões um pouco menos rasteiras, como não nos permite sequer imaginar revisitar aquilo que de alguma forma nos fez ser o que somos hoje. Como se o conhecimento, qualquer que ele seja, fosse tão dispensável quanto aquilo que desconhecemos.

Esse esboço de pensamento não deve ser confundido com conservadorismo ou nostalgia, mas como fruto da convicção de que preservar e, talvez, entender o que foi vivido nos permite transgredir modismos e a urgência de necessidades que nos fazem acreditar serem nossas. Essas divagações estiveram na gênese do Canal Brasil, inicialmente concebido como uma janela do cinema brasileiro no meio da televisão e, posteriormente, transformado numa verdadeira trincheira da cultura nacional em todas as suas vertentes.

A música, por sua vez, chegou sorrateira, se impondo soberana como artigo de primeira necessidade, muito naturalmente para um canal chamado Brasil.

Começamos a produzir programas musicais e shows e a buscar, como havíamos feito com o cinema, uma forma que nos permitisse fazer o resgate do nosso extraordinário passado musical.

Recorrentemente falávamos do *Classic Albums* da BBC, pensamento logo descartado pela ausência de registros filmados de nossas clássicas gravações. Mas, como um fruto maduro, esse tema estava não só em nossas cabeças como também em outros corações.

E foi assim que Darcy Burger nos propôs, a mim e a André Saddy, em uma reunião realizada em meados de 2006, a produção de um programa que viesse a ser o *Álbuns Clássicos Brasileiros*.

Diante da constatação da impossibilidade de se reproduzir o modelo inglês do programa, evoluímos para a hipótese de se criar um formato brasileiro, contextualizado por circunstâncias históricas e políticas e depoimentos de artistas, músicos e técnicos envolvidos na feitura dos discos, de modo a viabilizar a elaboração de mais que um programa. Um documentário sobre a produção de cada álbum selecionado. Restava saber quem teria credibilidade suficiente para a condução do programa. E essa foi a mais fácil e unânime das escolhas: Charles Gavin.

Charles, além de sua história bem-sucedida de baterista dos Titãs, realizava também um trabalho abnegado de resgate de uma infinidade de álbuns clássicos da música brasileira. Ou seja, assim como o Canal Brasil vem procurando fazer pelo cinema, Charles vinha, solitariamente, fazendo o mesmo em defesa da memória da música brasileira — o que era, desde sempre, um motivo de respeito e admiração de todos. A sua adesão ao projeto, bem como o respaldo propiciado pela luxuosa participação de Tárik de Souza na elaboração de pautas, deram a ele não só um formato definitivo, mas principalmente o embasamento técnico e conceitual exigido pelo programa.

Nascia, assim, em julho de 2007, no Canal Brasil, *O Som do Vinil*.

O acervo de entrevistas desde então registradas para elaboração dos programas em diversas temporadas é mais que um patrimônio, se constitui hoje num verdadeiro tesouro para todos aqueles que de alguma forma queiram revisitar uma parte já significativa da história da música brasileira. ○

Paulo Mendonça

ARA

ELTON ME
NESC

BR-XLD 11.
LADO 1

1 - ROSA DE
Paulinho da
Joacyr Sa
Norival Bahi
2

3 - A

AMOSTRA SEM VALÔR
ÉCHANTILLON DE MARCHANDISE

INDÚSTRIA BRASILEIRA
33 ⅓ R.P.M.

SÃO BERNARDO DO CAMPO-RUA "6" s/n-EST. S.PAULO - SÃO PROIBIDAS

ROSA DE OURO
ARTES E CLEMENTINA DE JESUS
COM
JAIR DO CAVAQUINHO, NELSON SARGENTO,
ANESCAR DO SALGUEIRO e PAULINHO DA VIOLA

MONO

(Hermínio Bello de Carvalho-Elton Medeiros-
QUATRO CRIOULOS (Elton Medeiros-
DONA CAROLA (Nelson Cavaquinho-
Feitosa) - PAM-PAM-PAM (Paulo da Portela)
SORA RAINHA (Heitor Villa-Lôbos-
Hermínio Bello de Carvalho)
(Linda Flôr) (H. Vogeler-Luiz Peixoto-
Marques Porto)
ROUXINÓIS (Lamartine Babo)
5 - JURA (Sinhô)

MOFB 3430

rosa de ouro

TRILHA SONORA DO ESPETÁCULO MUSICAL DO TEATRO JOVEM

ARACY CÔRTES CLEMENTINA DE JESUS

ELTON MEDEIROS, JAIR DO CAVAQUINHO, NELSON SARGENTO, NESCARZINHO DO SALGUEIRO, PAULINHO DA VIOLA

ROSA DE OURO

TRILHA SONORA DO ESPETÁCULO MUSICAL DO TEATRO JOVEM

ARACY CORTÊS · CLEMENTINA DE JESUS

ELTON MEDEIROS, JAIR DO CAVAQUINHO, NELSON SARGENTO, NESCARZINHO
DO SALGUEIRO, PAULINHO DA VIOLA

FACE A

1. **ROSA DE OURO** — samba
   (Hermínio Bello de Carvalho - Elton Medeiros - Paulinho da Viola)
2. **QUATRO CRIOULAS** — samba
   (Elton Medeiros - Jorge Santos)
3. **ROSA FAGULA** — samba
4. **FAM FAM FAN** — samba
   (Oriovaldo Cavaquinho - Nazizul Bahia - Mario Trindade)
   (Paulo de Portela)
5. **SÔRDANA SOSORA** — macumba rancho
   (H. Vila-Lôbos - Hermínio Bello de Carvalho)
6. **ÔI TOTÔ** (Acaia Flor) — samba rancho
   (B. Vogado - Sara Pejoño - Marques Pôrto)
7. **OS ROUXINÓL** — marcha-rancho
   (Marcelino Julio)
8. **JURA** — samba-quartete
   (Sinhô)

FACE B

1. **ENTERRÔRO** — samba
   (Arnaldo Pescoço)
2. **EU SÓ PUDERIE** — samba
   (Jô do Viola)
3. **NEM É BOM FALAR** — samba
   (Ismael Silva - Francisco Alves - Nilton Bastos)
4. **DOMINGO DOURADO** — partido alto
   (Paladino)
5. **CLEMENTINA (ADE VOCÊ)** — partido-alto
   (Elton Medeiros)
6. **RESGOLÔSO NÃO MEDENNA MATA MORDALOSO** (Folclore)
7. **NASCENTE DE UMA SEMENTE** — samba
   (José Ramos)
8. **BATUCANDA** — lundu
   (Paulinho)
9. **SEMENTE DO SAMBA** — samba
   (Bide Emiliol)
10. **ROSA DE OURO** — samba
    (Hermínio Bello de Carvalho - Elton Medeiros - Paulinho da Viola)

Participam também desta gravação: Mano e Môça, conjunto Vila Mariana, conjunto Sargaí, coro Teatrista, impressão. Prim. Mão...
Acomp. Carlos Pequeno, flauta.

Capa baseada no "cartaz" de Fabio Rabin

Rosa de ouro
Odeon, 1965

Hermínio Bello de Carvalho Produção

Aracy Côrtes Voz
Clementina de Jesus Voz

Paulinho da Viola Violão, atabaque, voz
Elton Medeiros Pandeiro, atabaque, voz
Nelson Sargento Violão, voz
Anescar do Salgueiro Tamborim, voz

Marçal Percussão
Tião Percussão
Mario Percussão

Dino 7 cordas Violão
Meira Violão
Jair do Cavaquinho Cavaquinho
Canhoto Cavaquinho
Carlos Poyares Flauta

Hermínio Bello de Carvalho
Elton Medeiros

Hermínio, conta pra nós como surgiu a ideia de você montar o espetáculo *Rosa de Ouro*.

[Hermínio] Antes de tudo, eu luto sempre pelos créditos das pessoas, eu acho que o Kléber Santos que era do Centro Jovem, que era um laboratório de dramaturgia brasileira. E aí dentro desse laboratório eu comecei a fazer um dos recitais chamado *Menestrel*, que vinha de um processo em que eu fazia distribuição de poesia. E eu tinha encontrado a Clementina [de Jesus] e foi um processo muito louco, porque quando eu a vi fiquei deslumbrado com o que tinha ouvido e com ela, uma figura lindíssima, dançando e cantando. O Oscar Cáceres, grande concertista internacional, que vive em Paris hoje, e o Turíbio Santos me disseram "poxa, tem que fazer alguma coisa". Eu queria colocar ela no palco e tal, mas me perdi dela. De repente, quando a reencontrei, na reinauguração do Zicartola em 1962, eu tive a ideia de iniciar o processo de uma série de concertos com música popular erudita, misturar algumas coisas. O primeiro foi o Turíbio com a Clementina, depois Oscar Cáceres com Aracy de Almeida, Jacob do Bandolim com Aracy Côrtes. Então você vê, os pólos estavam se encontrando. E na apresentação da Clementina, quem estava no palco? O Elton [Medeiros], o Paulinho da Viola e o Benedito César, que é o pai do Paulinho. Quer dizer, tinha já um esboço. E Kléber, uma pessoa muito viva, esperta, um artista sensível "você tem um espetáculo pronto", aí me animei e começamos a nos reunir. Então eu costumo dizer que tanto *Rosa de Ouro* quanto *O samba é minha nobreza* são quase criações coletivas, porque o meu conhecimento de samba era limitado, mesmo tendo conhecido desde garoto. Mas o Elton e o Paulinho eram pessoas que estavam mais enfronhados no samba.

[Elton] O que eu me lembro a respeito do *Rosa de Ouro* é que quando o Zé Keti, o João do Vale e a Nara Leão, que às vezes cantavam no Zicartola, saíram para fazer o *Opinião*, eu me virei para você [Hermínio] e disse (junto com várias pessoas): "Porque que você não pensa em um espetáculo de samba, que desse uma ideia de uma festa da Penha, as pessoas todas em torno de uma mesa. Com cervejas, cantando e, de repente as pessoas partindo para o meio do terreiro e começavam a sambar?". Isso é uma síntese muito pequena para um espetáculo. Hermínio disse que ia pensar, não parecia nada animado. Dias depois, Hermínio me ligou, dizendo que já estava pronto. Eu perguntei: "pronto o quê?". Ele: "o roteiro. Passa lá em casa." Passei na casa do Hermínio, ele tinha o roteiro onde ele incluía a Aracy Côrtes e a Clementina de Jesus. Aí já mudava, já tinha marcha-de-rancho, o repertório variando muito. Durante os ensaios, percebemos que faltava um violão. Só tinha um violão, que era o do Paulinho da Viola, o Jair do Cavaquinho no cavaquinho e eu e o Anescarzinho do Salgueiro de percussão. Sentíamos falta de mais um violão. Aí ele disse que conhecia um cidadão que tocava violão, samba. Fomos ao morro da Mangueira buscar o Nelson Sargento. [Hermínio — "eu morto de medo de subir!"] O Nelson Sargento morava na última casa, ou, como ele dizia, "a primeira casa vindo de cima para baixo" no morro da Mangueira, no Challet. Você passava por baixo e via aquela luzinha, a última do Morro da Mangueira, a casa do Nelson Sargento. Fomos então eu e o Hermínio. Quando chegou no meio do caminho, Hermínio disse: "não estou me sentindo muito seguro em ir sozinho." Então fomos para a casa do patriarca, o Carlos Cachaça, e o Hermínio disse: "Carlos, estamos precisando ir na casa do Nelson Sargento", e ele disse "eu vou com vocês." Nós subimos com o Carlos Cachaça, fomos buscar o Nelson Sargento. Deixamos um recado com sua mulher, à época, que faleceu, a Leocádia, para o Nelson passar no dia seguinte no Teatro Jovem, demos o endereço. Nelson apareceu no dia seguinte sem violão, sem nada. Dissemos: "cadê seu violão?". Ele disse: "ué, eu pensei que fosse para pintar o teatro!" Ele estava pintando paredes, à época. Eu disse, "não, é para ser artista!". E aí começaram os ensaios.

[Hermínio] Deixa eu contextualizar um pouco, já que você falou do *Opinião*. Ele estreou em dezembro de 1964, com Nara Leão, Zé Keti e João do Vale. E foi um sucesso. Com Vianinha [Oduvaldo Vianna Filho], o [Augusto] Boal. Nós, com Clementina e Turíbio, estreamos também em dezembro, uma semana depois, no Teatro Jovem. O recital do "Menestrel". Uma semana, alguma coisa assim. Mas é importante dizer que nenhum dos dois espetáculos existiria se não fosse o Zicartola. O Zicartola era onde se aglutinava, na época. Havia no ar algo que prenunciava que em 1964 haveria um evento político muito grande. Então lá, o Zicartola, era uma espécie de QG. Era onde se discutia também a coisa da UNE, do CPD. Era o Vianinha que fazia discurso na mesa… E nessa época, foi até engraçado, eu fiz uma letra que o Zé Keti musicou, chamada "Cicatriz" que eu, ainda com a mania de panfletar, que náquela época se distribuía ainda naquele negócio, mimeógrafo à álcool, e o Vianninha ficou encantado com a música. O pessoal começou a cantar, e minha estreia como compositor foi no show *Opinião*, com a Nara cantando "Cicatriz" com o Zé Keti. Isso foi antes do *Rosa de Ouro*. Quer dizer, estreou o *Opinião* em uma semana, estreou a Clementina com o Turíbio em uma outra, e nós fomos fazer o *Rosa de Ouro* em março de 1965. É importante falar no Zicartola. Durou muito pouco, dois anos apenas, mas o tanto que ele mexeu com a cidade, com o sentimento carioca...

Por que durou pouco, o Zicartola?
[Hermínio] Durou pouco porque estávamos mexendo com matéria prima um pouco fora do contexto. À época tínhamos primeiro a coisa corpontamental do iê-iê-iê [e bolero]. E também tinha a Bossa Nova, que tinha explodido, uma coisa muito forte. Tudo o que estávamos propondo ali era uma estética oposta — nem melhor nem pior, pelo amor de Deus — mas era diferente. Era uma estética misturando o samba, o lundu, as corimas, de cantos africanos que a Clementina trazia.

[Elton] A música nordestina, com João do Vale, que do Zicartola foi pro *Opinião*...

[Hermínio] Então acho que essa mestiçagem musical não teria sido possível se não fosse o que acontecia no Zicartola. Lá o Zé Keti é que criou aquelas noites de samba.

[Elton] Eu costumo dizer que o Zicartola era um reduto de resistência. Política e cultural.

Resistência política dá para entender, mas cultural por quê?
[Elton] "Cultural" porque, à época tocava-se muito bolero e iê-iê-iê.

[Hermínio] Eu não gosto desse negócio de "samba de raiz". Mas esse tipo de samba de Cartola, Nelson Cavaquinho, que já estavam consagrados, ele não tinha espaço. Então essa é a resistência. Nesse ponto, esse espaço de reflexão sobre essa produção cultural, que era marginalizada do sistema, pelo sistema. Então acho que foi aí que começou. Nesse ponto, tanto o *Opinião* quanto o *Rosa de Ouro* foram decisivos para que fizéssemos uma amostragem não só dessa música tradicional quanto essa que o Elton mencionou, o João do Vale mostrando toda aquela coisa do "Carcará", a Clementina mostrando o Lundu.

[Elton] Um processo muito mais democrático.

[Hermínio] Isso mexeu com um sentimento, nós não sabíamos que isso existia. Aliás, com o brasileiro é assim: de cinco em cinco anos, se você não informar amplamente o que é isso, as coisas morrem. Você que lida com disco sabe disso. O *Rosa de Ouro* deixou raízes muito profundas. Sempre digo, sem desmerecer, pelo amor de deus, o Tropicalismo, mas ele foi um movimento que se encerra em si mesmo. Ele gera compositores maravilhosos que saíram dali, como o Gilberto Gil, o Caetano Veloso, o Capinam, o Jards Macalé, o Tom Zé, importantíssimos. Mas ele mesmo, como movimento, se encerra ali. O *Rosa* rastreou mais e criou "feito um mar se alastrando".

Não havia espaço pro trabalho de vocês? Não havia no rádio, na televisão... tava difícil pra vocês apresentarem o trabalho de vocês?

[Elton] Estava, não só pra nós mais novatos, como para os mais antigos como Cartola, Nelson Cavaquinho, Zé Keti. O Hermínio até criou uma noite, a "Noite da Cartola Dourada" onde ele entregava um diploma a cantores e compositores que estavam inteiramente alijados da programação de rádio, esquecidos.

[Hermínio] No próprio Teatro Jovem havia uma feira idealizada pelo Kléber Santos, onde Edu [Lobo], eu e Paulinho da Viola apresentávamos compositores novos. Para você ter uma ideia da importância do Teatro Jovem, quem ia para a plateia, estamos em 1966, era o Gilberto Gil, que estava começando (lembro até que você pode encontrar na capa de *Muito Elizeth* a frase: "em breve vocês ouvirão falar desse compositor", era o Gilberto Gil.) Eram compositores que estavam aparecendo no Rio, que veio com a Bethania, que trouxe o Caetano, veio o Gil, Capinam, Torquato Neto. E também, na plateia, o Sidney Miller, o Ivan Lins. Era um feira maravilhosa. Até me lembro que uma vez o Vinícius de Moraes estava lá na feira, o Gil cantou e o Vinícius gritou "tire esse homem daqui que ele vai tirar o nosso emprego!" ou algo parecido. Não eram só os compositores assim, eram também os que estavam iniciando. Paulinho não tinha ainda uma carreira, o Elton já tinha.

[Elton] É, gravado sim, mas sem nenhum sucesso, ou música conhecida.

[Hermínio] O Zé Keti, o Nelson Cavaquinho. Mas eu, em termos de música, não existia como compositor.

Essa foi sua estreia também, Elton?
[Elton] Não, não. Eu já tinha gravado com Jamelão e a Orquestra Tabajara uma música que não fez sucesso. Aliás, que tinha sido sucesso no terreiro de uma escola de samba. E uma outra música, também de escola de samba, que tinha sido gravada em um LP específico.

Vamos descrever o espetáculo, como que era. Você lembra pra gente, Hermínio?
[Hermínio] Eu fiz a sinopse [do espetáculo], que mostrei ao Elton. Foi uma coisa que veio à cabeça. Elton botou uma mesa e uma cadeira uma vez no palco, e era uma referência. Um fetiche. Todo mundo botou mesa, até hoje, em qualquer roda de samba. O *Rosa de Ouro* consagrou essa mesinha com as cadeiras. Aliás, tenho uma réplica dessa mesinha lá no escritório, a outra pegou fogo, no Teatro Oficina, em São Paulo (quando botaram fogo). No espetáculo havia uma trilha sonora, é importante dizer. E tinha um prefixo musical que nós três fizemos. Eu dei a ideia de abrir o espetáculo com um samba. "Ela tem uma rosa de ouro nos cabelos. E outras mais tão graciosas...". Quem é ela? Ela era a Aracy Côrtes, que tinha sido simplesmente a maior vedete do Teatro Revista e, secundo Jacob do Bandolim, a cantora mais musical que ele já conheceu. Sempre dizia isso, tanto que foi acompanhá-la, antes do *Rosa de Ouro* acontecer, na série Menestrel. A Aracy estava no Retiro dos Artistas. Quem me levou a conhecê-la foi o Jota Efegê, que a levou para um almoço no Zicartola, onde, ao fazer uma pergunta para ela, recebi a resposta: "você quer apanhar aqui mesmo ou lá embaixo?". Era uma cobra, uma jararaca... e maravilhosa. Um gênio. Então foi assim que a conheci, e como ela entrou. Entrou como uma grande estrela, a Clementina ainda não existia. Na nossa cabeça, Aracy seria a

grande atração para chamar o público. Mas quem arrasou mesmo foi aquela mulher charmosa, Clementina de Jesus. E foi um escândalo, porque a Clementina tinha uma presença de palco, uma coisa pessoal, magnética. Uma coisa que galvanizava todas as atenções, pela beleza, pela voz. E aí entra o preconceito, muita gente dizendo, "poxa, essa mulher de voz de taquara rachada!". São preconceitos que cercavam, é importante dizer. Nelson Cavaquinho, por exemplo, com aquele violão vagabundo, a voz rouca, tudo isso eram chistes que faziam. Quando fiz esse disco, *Gente da antiga* [1968], fizeram piadinhas. Passaram a chamá-lo de 2001. Porquê? Porque era o somatório da idade do Pixinguinha, João da Baiana, Clementina de Jesus e a Odete Amaral. É importante dizer que esses preconceitos funcionaram muito, de uma certa forma. Quem nos ajudou a vencer esse preconceito foi, o que parece incrível, a crítica de música erudita. Os críticos em geral, todos eles entenderam o processo, o que era aquilo. Entenderam aquele fenômeno que era a Clementina, e os quatro crioulos, como os chamávamos, inicialmente (depois viraram cinco). "Quatro crioulos, inteligentes, rapazes muito decentes, fazendo inveja a muita gente" (música do Elton e Jorge Santana).

[Elton] Eu tenho dito, em algumas entrevistas, que a Clementina nunca foi tão aplaudida no Brasil quando foi no Festival de Arte Negra em Dakar, Senegal. Foi tão emocionante lá, que a Clementina teve que voltar cinco vezes ao palco. O africano entendeu melhor a Clementina que os brasileiros, até hoje. Ela voltou ao palco cinco vezes. A apresentação da Clementina em Dakar contou com o Paulinho, eu e o Pé Grande, marido dela, fazendo percussão. Percussão na mão, que é a base da percussão da cultura negra no terreiro, que é geralmente bater palma e sapatear, e tocar atabaques. Então o Paulinho estava tocando o Rumpi, e eu um Lé. Eu tocando um atabaque, ele outro. E o Pé Grande batendo palmas o tempo todo. Nós três batíamos palmas e ela cantava em cima de nossas palmas. E dançava, porque, antes do derrame, ela dançava muito. A Clementina voltou ao palco cinco vezes, foi uma gritaria. Os africanos entenderam muito bem a Clementina. A Clementina foi muito bem entendida pelos críticos de música erudita.

[Hermínio] Quase todos eles relacionados a Mario de Andrade, é bom dizer. Lucio Rangel, Enzo Massarani, Eurico Nogueira França.

[Elton] Aí você pergunta porque que a crítica do dia a dia não foi tão generosa quanto essa crítica de música de espetáculos eruditos, e como os africanos. Fica essa pergunta. A crítica brasileira falou da Clementina com nariz meio torcido. Na África, Clementina, casada, já senhora, foi pedida em casamento. Foi em 1966, Primeiro Festival de Arte Negra.

[Hermíno] E quando ela foi a Cannes, ficou em uma suite esplendorosa, tiraram fotos dela. A Clementina tinha três ou quatro camareiros, mas ela não deixava que fizessem a cama, ela sentia que tinha que fazer a cama dela. Quando ela saía do quarto, tinha uma moça que gritava "Mamma, mamma, bon giorno, bon giorno! Addio!". Um dia perguntei quem era essa moça, e ela respondeu "é aquela moça bonita, de olho verde. A Sophia." Era a Sophia Loren.

[Elton] Isso foi em Cannes, no festival de cinema.

Elton, descreve pra gente primeira vez que você viu a Clementina cantar, atuar... o que você achou?

[Elton] A primeira vez que ouvi Clementina cantar foi no ensaio. Ela era uma figura que aparecia na Festa da Penha. Eu a conhecia de vista, lá. Sempre com o Pé Grande, na Festa da Penha, cantando na barraca. Existiam outros velhos cantando, em outras barracas. Mas quando eu tive um contato mais estreito com a Clementina foi na casa do Hermínio.

[Hermínio] Eu já visitava ela em casa. Tudo o que ela ia lembrando eu anotava, ia dizendo para ela lembrar. Dei um caderninho, pedi que quando ela lembrasse de uma música escrevesse para mim. E quando me devolveu o caderno estava cheio de receita de bolo. Quando a vi pela primeira vez ela estava na Taberna da Glória, celebrando o dia de Nossa Senhora da Glória, dia 15 de agosto. Foi em 1962 que eu a vi.

[Elton] Hoje é 15!

[Hermínio] Está fazendo hoje 46 anos. Anteontem foi 39 anos da morte de Jacob do Bandolim. Bem, eu vi essa mulher, no meio dos compadres, todos de branco, paramentados, e ela levando uma saca de empadinhas e tomando Cinzano, eles tomando chope, aquela festança. Foi esse o deslumbramento, a primeira vez que vi a Clementina, uma mesa na Taberna da Glória. Taberna essa que foi frequentada por Mario de Andrade que, ali, conheceu Araci de Almeida, onde Noel Rosa ía sempre. Onde nós íamos, eu ia sempre com Araci de Almeida comer bife com batata frita. Então a Taberna da Glória era muito importante para vida cultura no Brasil. Ela e o Vermelhinho, dois bares tradicionais que tinham essa vida, essa efervescência. Foi onde o Mario de Andrade, que morava na rua Santo Amaro, número 5, pertinho, vinha se encontrar com Moacyr Werneck de Castro, com Lucio Rangel, com Pixinguinha. Pixinguinha foi apresentado a Mario de Andrade por Lamartina Babo. Mario estava escrevendo *Macunaíma* e queria conhecer com mais profundidade o ofício religioso. Foi Pixinguinha que levou Mario a conhecer todo esse ritual. Mario esteve aqui de 1939 a 1942, por aí. E Pixinguinha aparece em *Macunaíma* como personagem, o "Filho de Ogum Bexiguento". Imagina se Mario de Andrade tivesse conhecido a Clementina. Ele, que descobriu Chico Antônio, um emboladeiro maravilhoso, com voz de Caruso. Clementina para mim equivale à descoberta de um Chico Antônio, como a Pastora Pavón que o Garcia Lorca descobriu em 1922. Clementina para mim tem essa importância, e lá fora do Brasil ela tem essa importância. Aqui, infelizmente, no Brasil, reduzimos muito as coisas.

[Elton] É o tal complexo de cachorro vira-lata, que o Nelson Rodrigues falava.

[Hermínio] O engraçado é que uma vez gravei com a Clementina, ela cantava jongo *a capella*, era até com a Tetê Espíndola. Se você pegar um diapasão e ouvir, verá que a Clementina não desafina. Faz um improviso, uma coisa genial, matizes, uma coisa tão esplendorosa, com aquele timbre raríssimo dela. Isso está se fazendo muito na Escola Portátil de Música, fazemos uma oficina para trabalhar em cima de estranhezas. A Clementina abriu espaço para Dona Ivone Lara e para a Jovelina Pérola Negra.

A primeira vez que você viu a Clementina cantando, já deu pra saber que foi impactante. Descreve um pouco mais...
[Hermínio] Quando eu vi Clementina eu não tinha um parâmetro, um balizamento, para avaliar. Quando você vê uma coisa

rara, estranha, a primeira reação é saber se aquilo existe mesmo, e se perguntar se aquilo é bom.

[Elton] Pergunta que quase todo brasileiro preconceituoso faz.

[Hermínio] E você fica assim olhando. Você não tinha nenhuma referência de uma voz parecida. Quando você ouve certos instrumentistas, por exemplo, o violão do Nelson Cavaquinho, com aqueles efeitos. Isso ninguém mais faz, é uma coisa dele. Isso é uma invenção. A Clementina não é uma invenção, é um fenômeno da natureza. Tem cantoras como a Amália Rodrigues, a Edith Piaf, a Ella Fitzgerald, são referências, são vozes raras, e são sobretudo personalidades muito grandes. Porque aquela mulher que era passadeira, doméstica, que não tinha leituras, era uma pessoa que, você ouvindo um disco da Clementina, não perde uma sílaba. Você pode pegar e escrever toda as letras. A dicção perfeita, absoluta compreensão da linha melódica. E os improvisos dela são lindos. Há músicas em que ela criou uma introdução, que ficou tão linda a introdução que fizemos sambas em cima. Além de ser uma grande partideira, com uma memória que é o que a gente chamada de herança. A Clementina é como um baobá, com troncos enormes, impossíveis de abraçar. Quando é abatido, não nasce outro. Essa coisa do exemplar único. Não tem nada similar. Nem antes, e não vai ter depois.

[Elton] Gostaria de fazer uma referência ao dia em que Clementina me emocionou mais. Foi esse na África, quando parecíamos que tínhamos ganho uma Copa do Mundo. Fiquei muito emocionado. Eu estava tocando com ela, fiquei emocionado pela maneira como Clementina foi recebida, tirada do palco. Depois, no estádio, a mesma coisa. Um estádio com mais de dez mil pessoas.

Então quero fazer uma referência aqui às duas mulheres que trabalhavam com a gente no *Rosa de Ouro*, a Clementina e a Aracy Côrtes. Aracy era mal-humoradíssima, mas aprendemos muita coisa com Aracy Côrtes. Incluindo essa coisa de pisar no palco, encarar a plateia. Aprendemos isso com ela. Quando estava próximo de falecer, ela foi fazer um espetáculo em São Paulo, e fui levado para a Rua do Clube do Choro, e ela se encontrou comigo. Eu não a via há algum tempo. Ela disse assim: "vem cá". Isso me emocionou, porque ela era rabugenta. Ela nunca brigou comigo no *Rosa de Ouro*, mas brigou com quase todo mundo, incluindo Clementina, que era uma pessoa de bom gênio, e Paulinho da Viola, que era outro cara de bom gênio. Mas comigo ela nunca brigou, nem com Anescar. E ela me pegou pelo braço e disse: "vou pedir um franguinho à caçadora, para comermos juntos." Minha mulher estava lá, ela nem ligou. Pediu seu franguinho à caçadora, sentou-se comigo e começamos a comer, com as mãos, no mesmo prato. Foi meu último encontro com Aracy. Um negócio muito carinhoso, muito terno, sem rabugice, e eu vi um outro lado de Aracy. Terna, e sem reclamações. Eu nunca tinha visto. Foi a última vez que estive com ela.

[Hermínio] Minha última vez foi um pouco mais engraçada, pelo menos. Fui visitá-la, ela já estava no hospital, tinha sofrido um derrame, estava com a boca torta. Veio a enfermeira, pedir que ela tomasse o remédio, por favor. "Vai a puta que pariu!", disse ela. [risos]

Vamos então recordar o elenco que estava fazendo o show naquele momento. Como era o espetáculo?
[Hermínio] O espetáculo era uma sequência de sambas, com um intervalo rápido com projeção de slides com depoimentos sobre

o samba. Abria com Almirante, cantando "Na Pavuna, na Pavuna. Tem um samba que só dá gente reúna". Aí falávamos de Chiquinha Gonzaga, que, em 1899 fez o rancho *Rosa de Ouro*... Depois tinha Pixinguinha dando depoimento, o Ismael, Sérgio Porto, Cartola, Lucio Rangel, Jota Efegê. Dando depoimentos que iam costurando o espetáculo. E tinha momentos quando, por exemplo, Aracy aparecia, era recebida com uma Marcha-Rancho de Villa Lobos, que eu letrei, o "Senhora Rainha". Ela era recebida com toda a pompa. A Clementina era recebida com um refrão, criado a meu pedido, para entrar a Clementina. E aí saiu "Clementina, cadê você, cadê você".

[Elton] Um negócio meio no improviso, fiz na hora.

[Hermínio] Quando ela chegava, cantava "Benguelê". Era o cartão de apresentação, uma coisa extraordinária, uma sequência de corimas. Muito tempo depois, eu estava no bar Gouveia, tomando um uisquinho com Pixinguinha, e ele disse: "meu filho, tinha uma coisa que eu tinha que te dizer. O 'Benguelê' é meu."

[Elton] É da autoria do Pixinguinha, mas estava como "domínio público".

[Hermínio] Era do Pixinguinha e do Gastão Viana. Ela estreou cantando uma música do Pixinguinha, que maravilha. E ela era parecida com o Pixinguinha, aquele nariz.

Esse era o espetáculo, com depoimentos dessas pessoas...
[Hermínio] Sim. Era tudo de uma simplicidade total. No palco, um telão, uma rotunda negra, uma mesinha. Só.

Deu certo? Quanto tempo ficou em cartaz?

[Elton] O espetáculo deu certo. Ficou em cartaz dois anos. Ficamos um ano aqui, no Teatro Jovem, fomos para São Paulo, teatro Castro Alves e Vila Velha na Bahia, passamos pelo Teatro Leopoldina, um teatro que não existe mais no Rio Grande do Sul e depois ficamos no Valdemar de Oliveira, no Recife. No ano seguinte, remontamos o *Rosa de Ouro* no Teatro Jovem. Dois anos, com intervalo. Dois anos em cartaz.

[Hermínio] Quando você fala em disco, o disco fez com que a carreira da Clementina deslanchasse. Desse grande baobá germinaram raízes maravilhosas. A carreira do Elton se alastrou, ele teve uma carreira individual. Assim como com Paulinho da Viola, assim como depois se formou o conjunto *Rosa de Ouro*, com Cyro Monteiro. Coisas assim foram acontecendo. O *Rosa de Ouro* provocou o nascimento de outros grupos de samba. Considero que era um trabalho autoral no sentido de que eu tinha uma ideia, básica, de fazer um roteiro, mas considero que muita coisa eu não sabia ali. Elton trouxe muita coisa que eu não conhecia, como também, no *Samba é minha nobreza*, eu ouvi muito a Teresa Cristina, que tinha um repertório maravilhoso. Essa é a função do diretor, ouvir. A vaidade é absurda. Tem espetáculos autorais sim, são outra coisa. *João Amor e Maria*, do Paulinho Tapajós e do Cacaso, uma ópera popular, um trabalho autoral, focado em uma história. No caso do *Rosa de Ouro*, era uma visão ampla da cultura brasileira. Quando a Clementina cantava o lundu, por exemplo, não se falava mais, estava esquecido. É claro que havia o Heitor dos Prazeres, Jotabê de Carvalho...

[Elton] o próprio João da Bahia, cantava corimas, mas as pessoas não valorizavam essa...

"O disco fez com que a carreira da Clementina deslanchasse. Desse grande baobá germinaram raízes maravilhosas. A carreira do Elton se alastrou, assim como com Paulinho da Viola. Coisas assim foram acontecendo. O *Rosa de Ouro* provocou o nascimento de outros grupos de samba."

[Hermínio] visão holística. Mas era um roteiro, eu encontrei, está em São Paulo, para ser digitalizado.

E o disco, não dava pra ser gravado ao vivo? Vocês não tinham condições técnicas?

[Hermínio] Até poderíamos gravar o disco ao vivo. Todos eram muito afinados, mas na verdade, a Odeon, e é importante dizer, tinha um cara muito receptivo, o Milton Miranda, tanto que o primeiro disco do Paulinho da Viola, que produzi, tive o apoio do Milton. Da Simone, a Clementina, fiz os discos todos, com exceção de um, que foi produzido pelo Fernando Faro. A ele se deve isso. O primeiro disco do Roberto Ribeiro foi eu que produzi. Ele sempre tinha esse olhar curioso, dizia "vamos fazer, vamos fazer". A ideia de fazer um disco do espetáculo foi dele. Fomos ao estúdio com a melhor tecnologia, o estúdio melhor que havia no Rio de Janeiro. Havia também uma base maravilhosa que não se podia jogar fora, fomos para o estúdio e tínhamos à disposição nada menos que o Dino Sete Cordas, o Canhoto e o Meira, grande Meira, professor do Baden Powell, do Maurício Tapajós. Tinha na percussão o Luna, Marçal e Eliseu...

[Elton] Melhor trio de tamborim do Brasil de todos os tempos.

[Hermínio] Como iríamos desprezar isso? E ainda tinha na tumbadora o Jorginho Arena. Eram músicos excepcionais, que se colocaram à serviço do espetáculo. Foi maravilhoso o resultado.

Do palco pro estúdio dá uma diferença de vibração, de movimento, as vezes até de espontaneidade. Isso foi preservado na gravação?
[Elton] Eu acho que foi. Foi exatamente pelos motivos que o Hermínio falou: eram todos músicos experientes. Não cai a qualidade. São até artistas que procuram manter o mesmo clima de trabalho dentro do estúdio que teriam no palco. Se tivessem que ir para o palco, fariam com a mesma qualidade ou até com melhor qualidade.

Vamos comentar então a composição *Rosa de Ouro* que é sua, do Elton e do Paulinho da Viola. Como que pintou essa composição?
[Hermínio] Porque eu precisava. Quando você faz um espetáculos, você precisa de uns ganchos. Precisava de uma música que falasse do *Rosa de Ouro*, e que apresentasse a Aracy. Eu já tinha esse mote na cabeça.

[Elton] Você veio com a letra, a música, quase toda pronta. Eu comecei a musicar, o Paulinho também entrou na brincadeira e começou a musicar comigo, e terminamos, ali. Então você veio depois, pediu para cortar ali, para ajustar a letra um pouquinho. Ficou pronta em 40 minutos.

[Hermínio] Era o prefixo e o sufixo do espetáculo, fechava o *Rosa de Ouro*. Tinha bastante coisa, partido alto, lundu, samba. Vamos ser sinceros, não eram galãs que estavam no palco, não eram mocinhos, empinados. Eram cinco crioulos, nem todos bonitos, à exceção do Elton e do Paulinho da Viola, e duas senhoras sessentonas. À fora o preconceito, era uma coisa muito estranha. Você via aquilo no palco. Isso não era valorizado no Teatro de Revista.

Isso era valorizado lá atrás, quando Pixinguinha fazia, lá na década de 1920.

[Elton] *Casa de caboclo*. Mas depois, a *Casa de caboclo*, o modelo era mais o burlesco, era mais o Teatro de Revista com aquela característica hollywoodiana, que não tinha nada a ver com a gente.

[Hermínio] Tinha aquela senhora gorda, que era a Aracy, uma rosa no cabelo, uma rosa pintada de ouro, um saia meio baiana. A Clementina num vestido lindo de renda francesa que ela, naturalmente, se colocou no palco. Não se idealizou nada ali.

[Elton] Foi até a mãe de uma amiga nossa quem fez o vestido, não foi?

[Hermínio] Acho que não, foi lá uma vizinha que fazia vestidos para ela. Quem fazia vestido era Zezé Gonzaga, fazia os próprios vestidos.

A Clementina se dava bem com a Aracy, no palco?
[Hermínio] A Clementina e a Aracy se davam bem no palco. Quando o Elton contou sobre a única briga que houve, e foi uma briga muito interessante porque a Clementina gritou para Aracy: "Eu sou mulher de homem!" Vamos entender: "eu sou mulher casada, que tenho marido que cuida de mim, sou mulher de homem." Que tem marido: Pé Grande. Aracy nunca mais levantou a voz para Clementina, nunca mais. Saiu uma história na revista *Veja* de que elas teriam se desentendido, que teve umas garrafadas, não é verdade. Isso aconteceu com outra pessoa, em outro palco. Mas ela, Aracy, era famosa por isso. Quando eu a fui procurar pela primeira vez, além do Retiro, havia um hotelzinho

onde ela ficou uma vez, eu perguntei "Dona Aracy mora aqui?" "Mora, mas ela saiu. Porque ontem, na feira, ela deu uma surra de xerelete num cara." Surra de xerelete! Mas era um gênio, um gênio, eu gostava muito dela.

Eu queria que o Elton comentasse uma música que vem na sequência, que é "Quatro Criolos", que acabou fundando o grupo depois. Comenta essa música pra gente, porque a letra é muito interessante.
[Elton] Eu era compositor da Escola Aprendizes de Lucas, e fiz essa música para ser cantada na Escola. Na época fez muito sucesso no terreiro da Escola de Samba, e depois, quando cantei para o Hermínio, ele adaptou. Deu a ideia de só usarmos o refrão, a primeira parte, com versos de improviso na segunda.

[Hermínio] Os primeiros improvisos quem fazia mais era você, "Eu sou o Elton de Lucas...". Agora, alguns improvisos na verdade escrevi porque sempre saiam do tema, então eu precisava amarrar. Tinha o do Nelson Sargento, o do Anescarzinho talvez, não me lembro. O Paulinho fez o dele.

[Elton] A verdade é que, um espetáculo que fica mais de um ano em cartaz, no final o espetáculo já é outro. Porque a gente vai se cansando de fazer a mesma coisa todos os dias, começa a botar cacos. Então o *Rosa de Ouro* no final tinha muito caco.

[Hermínio] Quando o Nelson cantou, "sou o quinto crioulo, quase indigente, fazendo inveja a pouca gente."

[Elton] Cada um se apresentava e dizia de que escola era. Mas a segunda parte, original, era como a Nara Leão gravou. "Esses quatro crioulos são o orgulho da gente de cor, só quem os conhece poderá dar o justo valor. Trabalham, estudam, têm o samba por divertimento, para eles a moral é o maior documento. São quatro crioulos...". Terminada a temporada do *Rosa de Ouro*, e depois de 1973, que eu gravei o meu primeiro disco solo, Paulinho já tinha começado a carreira solo dele, eu fui procurado pelos remanescentes do grupo do espetáculo *Rosa de Ouro*, que propuseram formar um conjunto. Tudo bem. Eles formaram e me puseram para liderar o grupo (eu não gosto de liderar ninguém). Mas faltava um, porque eram cinco. O Paulinho tinha feito carreira solo, e assim faltava um. Assim chamamos o Mauro Duarte, que ocupou o lugar que originalmente, no espetáculo, era do Paulinho. Por sinal, ele era compadre do Paulinho. E formamos esse grupo com nome, "Cinco Crioulos". Chegou a gravar três LPs na Odeon.

Vamos falar da faixa "Escurinho". Quem tá tocando essa caixa de fósforos na gravação?
[Hermínio] Tem que falar nisso. O Elton se oculta um pouquinho nessa história. Esse melodista fantástico que é, que está merecendo um estudo com o professor Pedro Aragão, ele tocava trombone de pistons.

[Elton] É, eu tocava antes sax horn barítono na banda, depois passei a trombone de pistons.

[Hermínio] A verdade é que Elton é um grande percussionista, e a caixa de fósforos, que foi celebrizada pelo Cyro Monteiro, e antes dele pelo...
[Elton] ...Luis Barbosa, o Dilermando Reis também, que tocava mais chapéu de palha.

[Hermínio] O Elton Medeiros afina caixa de fósforo [risos].

É você, Elton, nessa gravação?
[Elton] Sou eu nessa gravação, também gravei com a Elizeth Cardoso, tocando caixa de fósforos. Também fiz DVD com Paulinho, tocando caixa de fósforo. Agora não faço tantas presepadas quanto fazia. A gente aprendia caixa de fósforo em boteco.

Geraldo Pereira, um dos grande compositores de todos os tempos da música brasileira... quem escolheu essa música?
[Hermínio] Acho que a gente nunca vai poder dizer quem escolheu as músicas. A gente trocava muita ideia. Geraldo Pereira sempre foi um compositor que eu amava, mas com cinco pessoas que gostavam tanto de samba, não vou me arvorar em dizer que fui eu que escolhi. Não me lembro.

[Elton] Há pessoas que colocam o Geraldo Pereira como compositor de Bossa Nova. "Bolinha de papel" não é bossa nova. Me lembro do tempo em que existia o Garotos da Lua, de João Gilberto tocando violão no Garotos da Lua. O negócio mais estranho é que Geraldo Pereira cantava na Rádio Tupi, em um programa chamado "Rádio Sequência G3", e quando terminava o programa, o Geraldo sempre saía com João Gilberto, e iam para aqueles lados da Lapa. Geraldo morava na Rua da Lapa. E às vezes andavam muito juntos, João Gilberto com Geraldo Pereira. Acho que foi por aí que João Gilberto deve ter aprendido alguns sambas do Geraldo. Mas não é Bossa Nova, é samba sincopado. Aliás, todo samba é sincopado, mas o chamado "samba sincopado" é aquele que abusa da síncope.

Por que o nome *Rosa de Ouro*?
[Hermínio] O nome "Rosa de Ouro" vem exatamente da marchinha "Rosa de Ouro", da Chiquinha Gonzaga. A primeira marcha rancho a aparecer, em 1899. Esse nome ficou. Tanto que o mote era esse. Por isso a abertura, com o Almirante cantando "Na Pavuna", e dizendo "esse samba eu fiz aqui na mesa do Nice", o Café Nice no telão. E seguia: "O Rosa de Ouro foi fundado por Chiquinha Gozaga em 1899 e deu origem…" Aí a gente entrava, com "Rosa de Ouro", abrindo o espetáculo. Tenho essa vozes, está gravado. O Alexandre Pavan tem tudo isso.

Vamos falar de "Sobrado Dourado"
[Hermínio] O Elton poderia dar uma aula sobre isso. São partidos-alto.

[Elton] Hoje todo mundo chama de partido-alto, mas antigamente havia "partido cortado", que é o improviso feito em dois versos. O outro é em quatro. Hoje ninguém nem mais fala nisso. Vai se perdendo.

Vamos comentar agora "Benguelê", por favor.
[Hermínio] Essa é uma letra do Gastão Viana e a Clementina desconhecia que fosse do Pixinguinha. É importante ressaltar essa coisa da oralidade, você aprende um samba aqui. Você perguntava a ela, que respondia "eu acho que é do fulano, de não-sei-de-quem". E no fim não era. Descobri que havia sambas de autores que nunca tínhamos ouvido falar, e esse é outro grande mérito da descoberta da Clementina. Ela era um repositório de um cancioneiro, que ela aprendeu com a mãe, que aprendeu com a avó, a bisavó. Assim você centena de anos de tradição. Os riôs

eram as pessoas que sabiam contar histórias, mas não escreviam. Então quando uma pessoa assim morria, isso equivalia a um incêndio em uma floresta. Os riôs. Clementina contava histórias, contava lendas que a gente não sabia. Eu ficava espantado. Por isso que eu a gravava muito, todos os onze discos que eu produzi, não tive nenhum problema. Quero deixar bem claro isso, os discos da Clementina, sempre o Elton e o Paulinho participaram, quase todos. Porque eu sempre vinha perguntar. Como isso pode ser feito? Esse é um jongo, aí é uma chula raiada, um samba. Tudo tem seu lugar. Essa coisa da rítmica, os dois sabiam muito mais, o Elton, com todo o mérito que ele tem.

[Elton] Quem foi batendo atabaque acompanhando a Clementina foram Paulinho e eu. Agora, os instrumentos que levamos estavam errados. Porque o Paulinho foi com um rumpi, eu com lé. A Clementina não é para ser acompanhada com rumpi e lé. São atabaques da cultura Iorubá, e a Clementina era uma negra Bantu. Então quais são os atabaques que deveriam ter? Eram o angoma e candongueiro, e não de candomblé. Nos fomos com os de candomblé, eram os instrumentos errados. Era tudo negro, mas eram nações diferentes. O brasileiro, o próprio negro, não sabe. Não sabe sua origem.

[Hermínio] Ninguém sabe, o Brasil é um país cheio de raízes culturais, e ninguém ensina isso nas escolas.

[Elton] Você pega um negro, e pergunta: "de que origem você é?" Ele não sabe, sabe que é negro por conta da pele. Mas não sabe se é bantu, iorubá, nagô, gege. Sabe que é negro, porque a pele dele está acusando.

A impressão que eu tenho, ouvindo essa gravação hoje, é como se ela fosse o último elo dessa geração. Ela acumulou todo esse conhecimento e tava ali representando.
[Hermínio] A melhor definição é do Ary Vasconcelos: a Clementina representa, na antropologia, um elo perdido dessa cultura.

[Elton] Volto a um assunto que nós já abordamos aqui. Sem mergulharmos na antropologia, mas falando no fato real ocorrido na África, quero dizer o seguinte: os africanos entenderam a Clementina.

[Hermínio] O Milton Nascimento, por exemplo, tem paixão pela Clementina. O José Maria Nery escreveu uma missa para ela. A Clementina era adorada pelo Francisco Mignone. Não estou só dizendo, está escrito. Há um livro sobre ela. São opiniões claríssimas. Nelson Rodrigues, por exemplo, "Clementina fica mais brasileira de 15 em 15 minutos". Mignone valorizou, como eu acho que Villa-Lobos a valorizaria.

[Elton] Mas o que eu quero dizer é que tem muita gente que gostava da Clementina, porque era moda gostar. Houve um momento em que era moda. Teve um momento, na década de 1960, em que era interessante ir ver a Clementina cantar e o Turíbio Santos tocar violão. Então você encontrava as mesmas pessoas do concerto do Turíbio, na sala, assistindo a Clementina. Era a mesma tribo. Você encontrava no salão aplaudindo a Clementina o mesmo povo. Aliás Clementina e Turíbio eram muito amigos. Maria Lucia Godoy ía no barraco ensinar a missa para Clementina.

Pra gente completar nosso passeio pelo disco, fala sobre o lundu, que você já citou várias vezes.
[Elton] Hermínio pode explicar isso melhor do que eu. Lundu foi a música cantada aqui no Brasil no tempo do Império. O grande divulgador do lundu brasileiro foi Xisto Bahia.

[Hermínio] É uma dança africana. O que o Mozart Araújo, discípulo de Mario de Andrade, estudioso de Ernesto Nazareth, quando ouviu a Clementina cantar o "Bate canela", perguntou "pelo amor de Deus, onde você descobriu isso?" Eu respondi "eu não descobri nada. Foi Clementina que trouxe, ela aprendeu com os pais." Era raríssimo, não havia sido registrada, foi uma coisa que se registrou no disco. Aí então vieram as lembranças de cada um, como se dançava, como se tocava. Aí veio a erudição do trio, Lula, Marçal e Eliseu, a herança que eles tinham também. E era muito fácil trabalhar com a Clementina, porque viam logo: isso aqui é um lundu, isso aqui é um jongo, é uma corima.

[Elton] A Clementina também reproduzia até o ritmo com a boca, "meu filho faz assim 'tucu-tucu', você responde assim: 'pá'". Aí você ia se lembrando de que já tinha ouvido aquilo em algum momento. Essas coisas foram sumindo.

Tinha também quem fizesse o contraponto diferente da Clementina, cantando teatro de revista, a voz empostada...
[Hermínio] Aracy tinha uma lembrança vocal do Teatro português, do canto português. Ela vinha da Margarida Max, que influenciou a Dalva de Oliveira, que influenciou a Ângela Maria e, de uma certa forma, passou para a Elis Regina. No início, a prosódia portuguesa era muito mais forte, o ator brasileiro falava muito com o acento português. O João Caetano, os atores da época.

[Elton] A empostação, Francisco Alves, Vicente Celestino.

[Hermínio] Vicente tinha isso bastante latente, era um tenor, ele cantava ópera. Estamos eruditos, né? [risos]

[Elton] Estamos muito velhos! Nós vivemos isso! Eu conheci o Vicente, você conheceu o Vicente...

Eu queria que você resumisse como você vê esse projeto hoje. Por favor, sua avaliação do disco hoje.
[Hermínio] O disco continua importantíssimo. O grande problema é quando me perguntam "como está a música popular brasileira?" Eu respondo, "está ótima! O que está péssimo são os meios de comunicação." Possivelmente algumas Clementinas devem existir pelo Brasil. João da Gente, que era um cantor maravilhoso, uma das vozes mais bonitas que já ouvi, só gravou um disco. Só tem um registro. Então o Brasil é muito rico. Estava vendo outro dia, procurando uma informação do Villa-Lobos, quando vi a imensidão da obra do Villa, disse, "meu Deus, não se conhece uma centésima parte do que Villa-Lobos compôs". A fonte inspiradora do Villa sempre foram esses compositores que a gente esquece. Que, de cinco em cinco anos, a gente tem que relembrar. É bom falar que hoje existe uma juventude maravilhosa, e a Escola Portátil de Música tem um garotada que faz tudo e vai para tudo o que é lugar. Isso é uma maravilha.

[Elton] De um lado tem uma garotada animadíssima, querendo estudar, querendo saber a origem de nossa cultura popular.

Como você vê o *Rosa de Ouro* hoje, Elton?
[Elton] Vejo o *Rosa de Ouro* hoje como um espetáculo que me proporcionou muita alegra, felicidade. Uma lembrança muito feliz que tenho de um momento da minha vida.

O preconceito que vocês falaram que sofreram na época e a falta de espaço pra esse tipo de música tão importante na cultura brasileira, devido a outros gêneros que estavam surgindo e estavam por cima da onda. Esse preconceito existe ainda hoje?
[Hermínio] Quando o Paulinho da Viola colocou, em 1970, a Velha Guarda da Portela dentro do estúdio, eu considero um dos passos mais importantes para tudo o que está acontecendo hoje. Primeiro o *Rosa de Ouro* e o *Opinião*. *Rosa de Ouro* é mais primitiva. Mas Paulinho fez uma coisa mais corajosa, maravilhosa, botando a Velha Guarda. Já não eram meninos, as vozes fracas.

[Elton] Monarco, Casquinha, João da Gente.

[Hermínio] Acho que hoje esse culto que se faz hoje — o Salgueiro agora mesmo está organizando sua Velha Guarda, muito tempo depois — a Mangueira mais ou menos. Então imagina aquela Mangueira de Cartola, Carlos Cachaça. É muito forte. Está atual. Mas não está em evidência. Você vai para a Lapa, o repertório da gente, está lá, na Lapa. Fiz um disco de inéditas com um gravador simples, fui na casa do Cartola, do Carlos Cachaça, na minha casa. Entre esse público jovem é uma joia raríssima, mas não vai tocar no rádio. E não via tocar nunca. Os meios de comunicação ignoram, até porque não vão lá fuçar aquilo que aconteceu. Porque o poder público desorganiza as coisas, quando ele se mete é um inferno. Nas coisas que ele deveria se meter, limpar, urbanizar as coisas, dar segurança, proteger, ele não entra. Entra para estragar. E sempre quando vem um sucesso assim, vem o tráfico, vem a prostituição. Isso é normal, a decorrência do sucesso. Não adianta, porque você encontra isso em qualquer parte do mundo. Então infelizmente nossos meios de comunicação, talvez a imprensa escrita, e os raros canais de televisão que ainda se preocupam. TV Brasil, TV Cultura. Tem gente que acredita nisso. Isso me faz com que eu me sinta assim, agraciado. Quando penso nessas coisas. Elas não são velhas, não. São atualíssimas. O tronco central da nossa cultura. Nossa cultura também é isso. Ela é múltipla, ela é vária, comporta mil coisas. Ela tem diversas biografias musicais, mas algumas de fato não estão sendo reconhecidas. E essa garotada está querendo saber das coisas. Em forma, a garotada, parabéns.◐

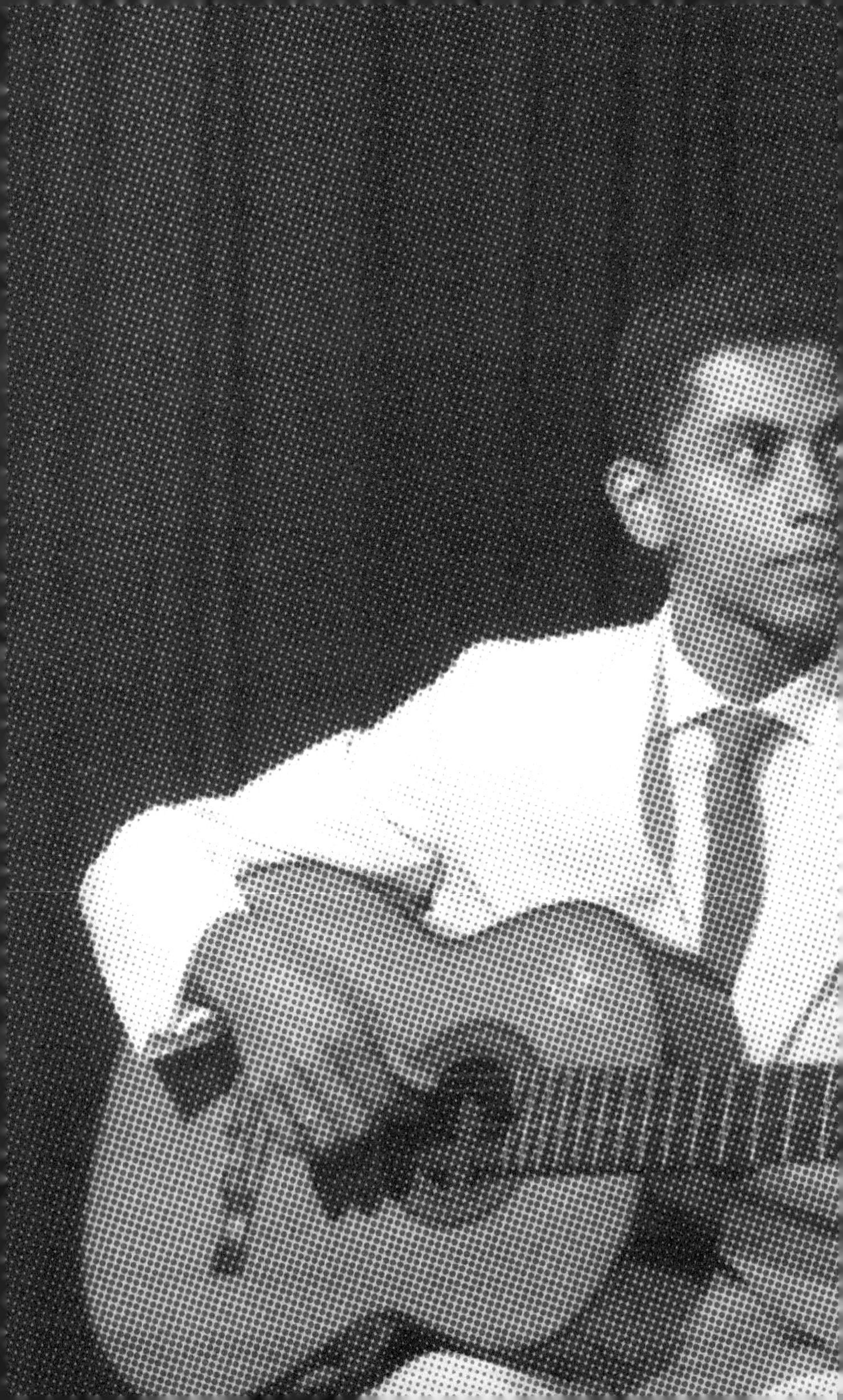

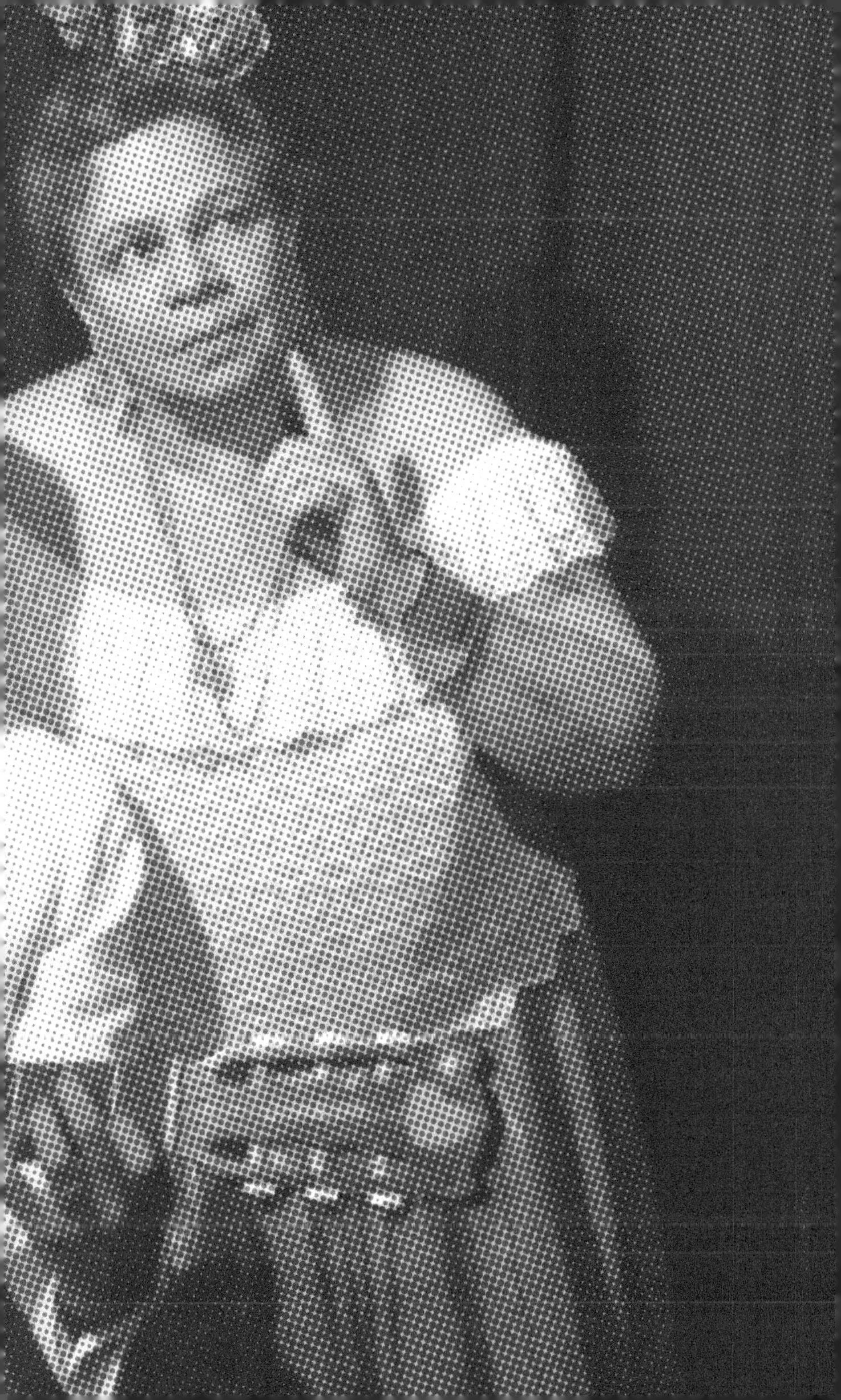

Paulinho da Viola

Conta pra gente o que você tava fazendo antes de ser convidado pelo Hermínio e o Elton pro *Rosa de Ouro*.
Rosa de Ouro foi em 1965. No começo de 1964, eu ainda trabalhava em um banco, ali na Avenida Presidente Vargas. Já tocava, mas era um amador, e adorava minha condição de amador, de tocar nas rodas de samba onde me convidassem. Meu projeto de vida era totalmente diferente. Um dia, eu trabalhava em uma sobreloja, a seção estava meio vazia, tinha pouca gente. Estava trabalhando à mesa, quando entrou o Hermínio, que eu não sabia quem era. E ele foi atendido por um outro funcionário, a uma distância considerável. Mas olhe que coisa estranha, eu era muito tímido, jamais teria coragem de abordar uma pessoa, isso nunca passou pela minha cabeça. Ele falou alguma coisa com o funcionário, e o funcionário saiu, foi procurar o que ele queria. Era uma seção de cobrança. Aí ele ficou sozinho, e eu fiz uma coisa que nunca tinha feito na minha vida, eu como funcionário chegar para um cliente. Fui lá. Pedi licença, disse "desculpe, mas acho

que o conheço de algum lugar." Quando começamos a conversar, ele perguntou, "você faz música?" Eu falei: "eu toco um pouco de violão, meu pai é músico." Quando disse que meu pai tocava com Jacob do Bandolim, ele falou, "é dali." A gente começou a lembrar de coisas, como a vinda do Canhoto da Paraíba em 1959, e descobrimos que ele também já tinha me visto, na casa do Jacob. Ele disse: "moro em tal lugar, se você quiser aparece lá. Eu também componho, sou poeta." Um dia fui. Peguei meu violão e fui visitá-lo. Ele morava ali na Glória. Ele foi a primeira pessoa que me mostrou coisas que ele tinha gravado. Me pediu para cantar, eu cantei umas duas músicas — eu quase não compunha naquela época. Depois ele me deu outra letra, para eu musicar. Eu musiquei rapidamente. Uma das músicas eu não gravei. Ele foi o meu primeiro parceiro. A segunda eu gravei muitos anos depois, gravei no *Bebadosamba*. Uma coisa feita em 1964, a Isaurinha Garcia gravou no disco que ele produziu, eu gravei há pouco tempo.

Foi sua primeira parceria?
Exato. E ele falou: "vou levar você para conhecer um lugar". Foi ele que me levou para o Zicartola, quem me apresentou ao Cartola. Ali no Zicartola eu comecei a acompanhar a turma, a tocar. Conheci o Elton, que viria a ser meu parceiro algum tempo depois. Eu fiquei muito ligado ao Zé Keti. Eu tocava e o Zé Keti era uma pessoa muito solicitava. Eu ainda estava trabalhando no banco, eles iam me pegar lá. Eu levava o violão e deixava na portaria. Sempre tinha alguém me pegando à noite. Ou ia para o Zicartola, ou ia para algum lugar. Andei muito com o Zé Keti por muitos lugares, com o violão acompanhando. Isso eu devo ao Hermínio, que me apresentou ao Zé Keti, ao Cartola. Nós fizemos um grupo, o Zé Keti liderou um grupo, que chegou a gravar, o conjunto Voz do Morro, que veio antes do *Rosa de Ouro*. O Her-

mínio conheceu o Kléber Santos, do Teatro Jovem. Lembro-me, é engraçado. De muitas coisas a gente não consegue se lembrar, detalhes. Mas me lembro que ele me convidou para, junto com Elton, acompanhar a Clementina, em um projeto que ele criou no Teatro Jovem, chamado *Jogral* [Menestrel]. A primeira parte era, por exemplo, Turíbio Santos. A segunda parte, Clementina de Jesus. Teve também Jacob do Bandolim e Aracy Côrtes. Meu pai tocava com Jacob, foi também uma outra edição desse projeto. Aí conheci a Clementina. A primeira vez que toquei com a Clementina foi assim, tocando atabaque, eu e Elton. Os dois tocando e ela cantando, lá no teatro. Meu pai que foi acompanhar, com o violão. Hermínio convidou meu pai, ele tinha mais experiência. No começo a Clementina não tinha o costume. Você dava uma tonalidade, ela entrava em outra. Com o tempo, o músico passava a dar o tom dela, e ela cantava. Mas, no começo, não era assim. Aquilo para ela não fazia muito sentido, a coisa do tom. Ela não desafinava, não saía do tom e nem do ritmo, mas, às vezes, ela entrava em um tom, e o músico tinha que achar aquele tom, rapidamente. Meu pai era muito bom nisso. Para ele era uma facilidade, eu já fazia um pouco assim, mas ele fazia muito melhor. Então Hermínio levou papai, eu e Elton. Nós acompanhávamos as corimas, o jongo, tocando atabaque. Esse foi o primeiro contato que tive. Logo depois o Hermínio veio com a ideia do *Rosa de Ouro*, trazendo a Aracy Côrtes, que foi uma outra experiência também muito legal. Conhecer a Aracy, conhecer a Clementina... e foi assim. Eu acompanhando e fazendo parte desse grupo, com Nelson Sargento, com Jair do Cavaquinho, Anescarzinho. Fez muito sucesso. Era um teatro pequenininho. A direção foi do Kléber Santos, uma pessoa muito importante que não só cedeu o teatro, mas também deu uma contribuição enorme como diretor.

Esse projeto, na verdade, ele possibilitou o pessoal notar, conhecer a Clementina de Jesus. Você conheceu antes, o que você achou dela? A primeira vez que você encontrou e viu aquela figura cantando...

Eu já tinha escutado algumas cantoras com aquele timbre de voz, com aquela força. Mas assim como a Clementina eu nunca vi. Pode ser que tenha outras, mas a Clementina era única. Aquela voz era uma coisa impressionante. E toda doçura dela, que ela transmitia. Toda a pureza que ela transmitia. Era uma coisa incrível. Hermínio conta que conheceu na Taberna da Glória, a antiga. Ele passou e ouviu a voz dela. Ele entrou e a viu cantando. Ela ia muito nas festas, era festeira, doceira. Ia com o marido, nessas festas da Glória, uma tradição. Depois que terminava o evento, cada um procurava seu canto. Hermínio encontrou ela ali na Taberna, cantando, com o marido fazendo acompanhamento. Ele ficou tão impressionado, pediu licença para sentar e assim conheceu a Clementina. Pelo menos foi assim que ele me contou. Na Taberna da Glória. Ele passou e viu a Clementina, com o Albino Pé Grande, que era o marido dela. Quando ele falou da Clementina, quando a gente viu a Clementina, fiquei impressionado. Mas o que mais me impressionava era a força, o poder. Ela, na verdade, quando começava a cantar, com todo aquele gestual, ela eletrizava. Tomava conta de tudo. Aracy também tinha um charme, uma afinação, uma bossa, mesmo com a idade avançada. Você ficava impressionado com a leveza com que ela dançava, e como ela cantava. As duas. Eu sei disso porque o teatro era pequenininho, eu ficava no canto, na última cadeira. Tinha uma mesa de bar, eu ficava tocando e olhando. Então via não só todo o espetáculo, como também via a plateia. Lembro-me de tanta coisa. Meu irmão, o Chiquinho, tinha mania, fica andando nessas feiras que vendem objetos antigos. E ele compra também, quando gosta, essas revistas antigas. Ele comprou uma *Revista do Rádio* para me mostrar uma foto da apresentação da Aracy Côrtes acompanhada com o Jacob. Aparece um pouco meu pai, o Jacob e a Aracy Côrtes. O fotógrafo fez a foto assim, do fundo das coxias. A foto pega uma parte da plateia. Achei aquilo interessante, e ele me deu de presente. Pensei: "vou ver se consigo achar alguém que eu conheça aqui na plateia". Fiquei olhando, com uma lupa, e aí achei a Clementina e o marido. Continuei olhando e vi que lá estava eu, ao lado da Clementina. Com a lupa, descobri, com muita atenção. O Teatro Jovem foi um centro, apesar de pequeno, foi muito legal. Depois do *Rosa*, muitos de nós frequentávamos. O Hermínio mesmo fez outros espetáculos, todo mundo vivia por ali, durante um bom tempo. A Clementina eletrizava. Tem um fato que aconteceu, e do qual nunca esqueci. A Clementina, quando entrava, as pessoas faziam "ahhh". O atabaques rufavam, eu estava tocando, ela aparecia atrás de uma tela. Tinha um efeito de luz em que ela aparecia daqui para cima. E ela, com as mãos que era uma coisa maravilhosa, começava cantando "Benguelê". E, com aquele efeito de luz, aquilo era um choque. Eu via a reação das pessoas, mesmo com o teatro apagado, eu via, ficava pertinho. E aí ela cantava umas corimas e depois saía, vinha, sentava e nós tocávamos com ela, com ela sentada de lado. Aquilo era eletrizante. Ela cantava "Benguelê", as corimas e outro ponto chamado "Eu vi Santa Bárbara do Céu, a trovoada roncou lá no mar." Quando ela começou a cantar isso, quando começou, uma mulher, que estava assistindo com o marido, na terceira, quarta fila — a mulher entrou em transe. Foi assim imediatamente. Foi uma coisa tão estranha que eu percebia tudo. Não sei se os outros perceberam. Sei que o Jair do Cavaquinho percebeu, olhou para mim. Ele era muito irônico, engraçado, e começou a fazer a uma cara de riso. Mas a gente não podia fazer nada, tinha que continuar. Não sei se o Elton percebeu, mas sei que o marido da mulher entrou em pânico e as pessoas que estavam em volta, também. Não sei o que fizeram, mas ficaram segurando ela. Sei que, quando acabou o espetáculo, as pessoas se retiraram e eu fiquei ali. Ela estava provavelmente desmaiada, e o marido ficou ao lado dela. As pessoas saíram, mas ela não saiu logo. Não sei o que fizeram. E também não atrapalhou o espetáculo, que foi até o final, e a Clementina não percebeu nada. Porque, quando ela saiu, com os aplausos, ela se sentou e o show continuou.

Tem uma coisa interessante que a gente não pode deixar passar. Você falou que a Clementina eletrizava, ela pertencia a uma linhagem rara de cantoras de samba mas que tinham uma boa carga da cultura africana. Foi uma das últimas que você viu? Fala um pouco dessa bagagem africana, que infelizmente é tão raro na música popular brasileira, o que ela trazia de novidade nesse momento?
O lance da Clementina, como falei, era uma coisa contagiante. Onde nos apresentamos, aonde o *Rosa de Ouro* foi, foi um sucesso. A Aracy também, mas a Clementina era uma coisa. Nós viajamos, fomos para fora do país, no Primeiro Festival de Arte Negra. Ela foi um sucesso. Sempre foi um sucesso. A gente pode falar de outras cantoras que trouxeram essa coisa negra, essa influência do africano, como por exemplo a Elza Soares. Quando ela apareceu, cantando "Se acaso você chegasse...". Com outra bossa, num outro tipo de samba. Também há outras cantoras que a gente poderia falar, como também pessoas desse universo, como a Jovelina Pérola Negra, Dona Ivone Lara. Estou citando alguns exemplos. Dona Ivone, com aquela voz incrível, com aqueles sambas maravilhosos, melodiosos, com harmonias fantásticas,

mas você percebe que faz parte dessa linhagem também. Com a Clementina era uma coisa mais bruta, no melhor sentido. A impressão que me passava, porque eu tocava ela, no começo enfrentava isso. Ela começava a cantar. Não adiantava você dar o tom para ela cantar, mesmo você sabendo o tom em que ela cantava. Era melhor deixá-la começar a cantar, e você ia acompanhando. Isso era o quê? Ela não tinha o costume de ser acompanhada por instrumentos de corda, por nenhum instrumento que não fosse percussão. Isso ficou claro e isso é o que fascinava mais. Era uma afinação! Tem um disco dela que fez pela Imagem do Som, com a participação do Naná Vasconcelos, aquilo é uma maravilha. Ali você tem isso: Clementina de Jesus e Naná Vasconcelos. Você tem uma coisa que é de difícil tradução. Você fala de origens, tem coisas que se poderia falar da Clementina. A coisa da religiosidade na Clementina. Ela cantava as corimas, o que evidenciava um conhecimento, uma experiência, vivida provavelmente em terreiros, em casas de santos. Mas ela dizia, "não, eu sou católica". E ela levava à sério aquilo. Por outro lado, eu vi, ela não gostava muito, pelo menos a experiência dela com a religiosidade negra talvez não tenha sido muito interessante para ela, por razões que a gente não sabe. Mas ela deixou passar um pouco isso, abordou um pouco essa coisa, mas não falava muito sobre isso. Mas é evidente que ela tinha esse conhecimento, esse respeito. E não se furtava de cantar, de contar histórias das experiências vividas, algumas delas muito interessantes.

Vou falar os nomes e eu queria que você dissesse o que cada um estava fazendo no show. Depois a gente comenta por que fez tanto sucesso, *Rosas de Ouro*, o que tinha de bom nesse espetáculo. Então vamos lá: Elton Medeiros...
Elton Medeiros tocava pandeiro e atabaque, cantava com a gen-

te. E fazia parte do grupo que acompanhava essas duas cantoras, e cantava os sambas do roteiro. Também sambas dele.

Ou seja, havia um grupo pra acompanhar a Aracy e a Clementina?
É, eram os "Cinco crioulos".

Era o grupo já, já havia sido fundado?
Depois o grupo ficou conhecido como Cinco Crioulos, porque cantávamos um samba que era do Elton e Joacy Santana, um samba lá do Aprendizes de Lucas. Nós cantávamos esse samba nos espetáculo. Cantávamos "são quatro crioulos, inteligentes", e nós éramos cinco. Então as pessoas, evidentemente começaram a fazer brincadeira com isso, piada. E aí ficou "Os cinco crioulos". Esse grupo gravou como "Cinco crioulos", mas eu não estava, estava meu compadre Mauro Duarte. O grupo era Elton Medeiros, Jair do Cavaquinho, grande compositor da Portela, que o Jacob do Bandolim, que provavelmente conheceu o Jair nesse período, a palhetada de samba mais bonita que ele conheceu.

Tinha também o Nelson Sargento.
Tinha também o Nelson Sargento, com seu violão maravilhoso, com seus sambas maravilhosos. E era também uma figura maravilhosa, muito inteligente, muito sensível. Foi muito importante a participação do Nelson, violinista também, grande compositor.

E o Anescarzinho do Salgueiro
Talvez o maior compositor do Salgueiro, autor de "Chica da Silva", "Quilombo dos Palmares", "Água do rio", que é um dos grandes sambas de terreiro de todos os tempos. Uma grande fi-

gura humana, muito tímido, reservado, quase não falava. Mas foi também de grande contribuição. Fazia ritmo de tamborim.

E você?
Eu tocava violão e fazia ritmo, com o atabaque, nas corimas e cantava.

Era boa a química de vocês?
Era. A gente gostava demais de fazer aquilo. Para mim, me senti honrado pela oportunidade de mostrar alguma coisa que fazia, mas principalmente pelo fato de poder estar tocando com outras pessoas, outros que eram mais velhos do que eu, que era um pouco mais jovem, no *Rosa* eu tinha 22 anos, e a turma já tinha toda mais de 30. Eu era o caçula do grupo, todo mundo gostava de mim.

O show era gostoso de fazer? Qual que era a ideia do Hermínio, era trazer aquela informalidade do Zicartola, de todo mundo cantando de uma maneira com paixão pelo samba?
A ideia do Hermínio era fazer um musical, um grande espetáculo fazendo esse contraste entre uma cantora como Clementina de Jesus, que trazia em seu repertório todo um universo, para muita gente desconhecido, o samba das escolas, as corimas, as histórias que ela nos contava porque ela conheceu aquela turma toda, da Portela, da Mangueira principalmente, porque ela era da Mangueira. Contava aquelas histórias todas, a experiência de vida dela. E Aracy Côrtes, que vinha de outro universo, uma cantora que não cantava ou gravava há muito tempo. Para muitos era considerada uma pessoa fora do circuito. E o Hermínio foi lá, não sei como, a descobriu. E foi um casamento fantástico, porque o contraste era evidente. Da primeira parte, quando a

Aracy se apresentava, era um encanto, uma coisa surpreendente, ela fascinava velhos e jovens. Ficavam impressionados, íam no camarim, levavam flores para ela. Já com sessenta e poucos anos, ela dançava muito bem, cantava afinadíssimo, com ritmo e uma leveza que é impressionante, não era normal. Você imagina o que ela fazia quando era jovem. E Clementina entrava, aquela senhora, com certa austeridade, aquela coisa mágica, com aquele vestido de renda. Era uma maravilha. As pessoas vibravam, fiz muitas amizades a partir daí. Passei a conhecer mais pessoas, viajando com o Rosa de ouro. Fomos para São Paulo, várias cidades do Brasil. No sul, viajamos, foi um sucesso.

Eu queria que a gente comentasse agora a composição "Rosas de Ouro", que é de autoria do Hermínio, do Elton e também sua.
Essa letra é do Hermínio, eu e Elton fizemos a música. Não me lembro bem, mas provavelmente foi algo que a gente fez rapidamente, em um momento só. Começamos a tocar e fizemos.

Por que "Rosa de Ouro", você sabe de onde veio essa ideia?
"Rosa de ouro" é uma ideia do Hermínio, ligada a uma ideia de um cordão. Acho que vem do Villa-Lobos, também. Não sei.

Essa ideia de fundir o popular com o erudito da música popular brasileira vem do espetáculo anterior que você falou que viu, sempre teve essa preocupação?
Quando eu conheci o Hermínio, ele já tinha essa preocupação. A gente nunca conversou muito sobre isso, mas já li, convivi muito com ele, e percebi que ele desde muito jovem já estava envolvido nisso tudo. Com o Clube do Violão, ele era uma pessoa muito ligada nele, ligado ao Villa-Lobos, fez inúmeras conferências.

Qual foi a importância desse espetáculo pra sua carreira, que aconteceu logo depois?

Esse espetáculo foi muito importante, porque eu era muito jovem, e, apesar de ter, na família, meu pai, com quem eu tive uma experiência muito interessante. Acompanhei muito meu pai, onde ele ia tocar. Isso influencia muito na formação de uma pessoa. Eu era realmente um apaixonado por isso. A verdade é que até o *Rosa de Ouro*, no Zicartola, eu não tinha muita preocupação com composição. Eu não achava que eu era um compositor, já tinha feito um ou outro samba, mas aquilo não era assim uma coisa que me atraísse muito. Eu gostava de tocar, de estar assim em uma roda de músicos. Nem tanto de choro, porque, nesse período, eu estava mais envolvido com escolas de samba, de blocos de carnaval. Quando estava com os amigos, era cantando samba. Fiz parte de um grupo pequeno, que tinha até um bongô, mas o negócio era samba. Às vezes tocavam um bolero, porque a pessoa que tocava bongô tinha que tocar bolero. Mas meu universo era mais o de tocar, eu queria me aprimorar como músico. Eu cantava, mas não me via como cantor, nem queria ser cantor. Até hoje não me acho um cantor [risos], me acho um compositor e músico. E canto minhas músicas. Porque eu sempre pensava assim, quando eu vi outros cantores fantásticos... Quando eu cantava um samba do Cartola, por exemplo, ou do Zé Keti, que eu cantei muito, eu queria mostrar o samba do Cartola, do Zé Keti, "olha que samba que eu acho lindo". Mas era só isso. Eu não queria fazer uma interpretação, uma leitura do meu jeito. Não tinha essa preocupação. Fiquei até surpreso quando recebi um convite para fazer um disco solo. Foi o Milton Miranda, da Odeon, que queria fazer uma experiência. "Poxa, queria fazer um disco com você". Foi assim. Mas antes fiz um disco com Elton. Mas éramos dois compositores de samba. O grupo foi diminuindo.

"Até o *Rosa de Ouro*, eu não tinha muita preocupação com composição. Eu não achava que eu era um compositor.[...] Eu gostava de tocar, de estar assim em uma roda de músicos. Eu cantava, mas não me via como cantor. Até hoje não me acho cantor, me acho um compositor e músico."

Isso foi muito importante, porque conheci, como falei, o Elton, o Jair, o Anescar, o Nelson Sargento, o Zé Keti, que não fez parte desse grupo aí. Nem o Nelson Cavaquinho, nem o Cartola, eles já eram mais velhos. Por exemplo, o Zé Keti me incentivava. O Hermínio também, ele me deu duas letras. E isso foi mexendo comigo, fui pegando o gostinho de compor. Um dos meus parceiros, o Capinam, eu o conheci no Teatro Jovem, nos encontros que o Kléber fazia às sextas feiras, após a peça. Ele começou um encontro de músicos, que iam conversar sobre música, falar sobre música. Pessoal jovem, a Nara Leão. Começou a ir tanta gente, tanta gente... Para você ter uma ideia, teve uma reunião, com o mediador Antonio Houaiss. Porque aí virou um debate, sobre tudo, mas falava-se muito sobre música popular. Um dia estava na plateia, assistindo, isso já 1966, o *Rosa* já não estava mais em cartaz. Eu estava assistindo, o Capinam estava sentado ao meu lado, e se apresentou, "eu sou o José Carlos Capinam, cheguei da Bahia, queria conhecer você" e ele me propôs: "vamos fazer uma música". Ele morava ali em Copacabana, fui à casa dele, fizemos uma amizade e uma parceria. A partir dali, foi a primeira parceira nossa, uma música chamada "Canção para Maria", que apresentamos no Festival, num daqueles festivais da Record, o de 1966, e essa música ficou em terceiro lugar. O primeiro foi a "A banda", o segundo foi uma canção do Luis Carlos Paraná, e depois foi a nossa música. E isso partiu do *Rosa*, de eu me lembrar daquela cadeira e chegar perto do Hermínio e dizer, "acho que eu conheço você".

Mas na época do show, das apresentações no Teatro Jovem, você ainda trabalhava no banco. Ou largou o emprego?
Na época do *Rosa* eu já tinha largado o emprego há mais de um ano. Larguei para tentar a vida como músico. Eu andava muito,

como falei, já antes do *Rosa*, com o Zé Keti. E o Zé se apresentava em muitos lugares. Ele me pegava para acompanhá-lo. Lembrei-me disso outro dia, era engraçado, porque que eu quase não fazia música, tinha uma ou outra. E ele com a bagagem de compositor fantástico, cantava 10, 15 sambas. Acho que, quando ele cansava, falava "canta um negócio aí", e eu cantava, uma ou duas músicas para ele descansar. E depois retomava. Fizemos inúmeros, nem me lembro os lugares em que a gente ia, pela cidade toda.

Esse projeto, qual sua avaliação? Foi um divisor de águas naquele momento? Qual a importância dele pra música do Rio de Janeiro naquela época?
Acho que o *Rosa de Ouro* é uma consequência do que foi o Zicartola, onde as pessoas se encontraram. Onde o Hermínio, lá no Zicartola, teve uma participação importante, como o Zé Keti. Para você ter uma ideia, no Primeiro Festival de Arte Negra, a Clementina foi convidada, e uma parte do *Rosa* foi. Não podia ir todo mundo, mas foi uma parte: eu e Elton. A delegação era maior, tinha o pessoal da Bahia, Elizeth, acompanhada do Jongo Trio, foi o mestre Pastinha, acompanhada do pessoal da capoeira Angola, de Salvador. Acho que o *Rosa* foi importante por isso, por ter revelado. Trouxe de volta uma cantora como Aracy Côrtes, trouxe uma cantora com Clementina de Jesus, um certo contraste entre esses dois mundos. Trouxe um repertório de sambas que há algum tempo não se ouvia. Sambas do Paulo da Portela, do Ismael Silva, Geraldo Pereira, o Nelson Cavaquinho. Essa turma toda. O Nelson Sargento com o samba enredo que ele fez com o Alfredo Português, "Cântico à natureza", o Anescar, autor de "Chica da Silva", e "Quilombo dos Palmares", autor de "Água do rio", grande sucesso na quadra do Salgueiro. Essa coisa de reunir compositores de diversas escolas, o Elton, da Aprendizes de Lucas, eu

e o Jair, ligados à Portela, o Jair muito mais experiente e vivido do que eu, eu era ainda muito jovem, estava chegando. O Nelson, da Mangueira, o Anescarzinho do Salgueiro. Então a gente podia cantar músicas de todas as escolas que a gente quisesse. Acho que tudo isso o *Rosa de Ouro* permitiu. Ele abriu para muita gente esse universo. Todo esse repertório, esses compositores, eu acho que para muita gente que foi assistir o espetáculo, e que assistiu em tantos lugares a que fomos tocar, que o Teatro era pequenininho, mas em outros lugares, como São Paulo, Curitiba, eram teatros maiores. Então eu acho que foi uma oportunidade de muita gente conhecer o samba, o universo do samba, seja através da Aracy Côrtes, de uma época, de um estilo; seja pela Clementina, de outro estilo. Tivemos pouco antes disso a Bossa Nova, a Jovem Guarda. Você tem a Nara Leão gravando "Diz que fui por aí", do Zé Keti, "Luz negra" do Nelson Cavaquinho, "O sol nascerá", do Cartola. Você vê que isso também vai juntando força, e vai mostrando para outras pessoas esse universo. Muitas vezes esses autores não tinham essa oportunidade. Então de repente você começa a descobrir mais coisas. Mais pessoas vão conhecendo muitos desses sambas. Muitos desses sambas são muito antigos. Sambas do Ismael Silva, por exemplo, são da fundação do samba, lá atrás. Muita gente não conhecia esses sambas. Eram sambas que já não eram cantados há muito tempo. Houve uma pesquisa, um resgate.

Tem aqui outra figura também que eu acho que você já comentou, numa espécie de *pout-porri*: "Escurinho", do Geraldo Pereira, "Se eu pudesse"...
É do Zé da Zilda, também conhecido como Zé com Fome. Um autor bem conhecido, com sucesso, sobretudo na Mangueira. Eu não o conheci, ele já havia morrido nessa época. Morreu na dé-

cada de 1950. Ele fez muito sucesso com a Zilda com músicas de carnaval. Do Zé e da Zilda.

E depois tinha "Nem é bom falar", que você acabou de falar, do nosso querido Ismael Silva.
Que tinha cada samba maravilhoso. E o Ismael você pode notar claramente, contemporâneo de Donga, Pixinguinha, essa turma toda. Mas essa formação da Deixa Falar, que é a escola que ele criou, com outros do Estácio, você percebe que a forma já é um pouco diferente, principalmente na parte rítmica da divisão, evidentemente influindo na harmonia e na melodia, é diferente, por exemplo de "Pelo telefone", que é um samba, como outros que também foram feitos naquela época, ainda sob muita influência do samba de roda do Recôncavo Baiano, que ainda estava muito forte em sambas do Sinhô, principalmente nos sambas do Donga, João da Baiana. O Ismael já era diferente. Era talvez o mais jovem. Era um jovem que estava surgindo, eu tenho essa impressão. "Nem é bom falar" é um samba bem diferente de uma chula raiada. Já é uma outra coisa.

Tem aqui ainda, também, "Nasceste de uma semente", do José Ramos...
Grande compositor de Mangueira. E fez outras coisas também de sucesso na Mangueira.

Temos também "Semente do samba", do Hélio Cabral.
Conheci o Hélio Cabral, uma grande pessoa, um grande compositor também. Uma grande figura. Me lembro que até depois da morte dele, não me lembro se foi na casa dele, lembro que estava o Albino Pinheiro, que levou um grupo. Conheci a viúva dele. Lembro que cantamos músicas dele.

E também, pra terminar, uma outra figura importantíssima, que é o Lamartine Babo.

A preocupação do Hermínio, ao fazer o roteiro, era abrir esse leque, mostrar no pequeno tempo de um espetáculo, de uma hora e meia, no máximo duas horas, esse universo fantástico que havia. Você vê que havia músicas de carnaval, sambas de meio de ano, marchas de rancho. Um painel bem grande.

É um clássico da música popular brasileira?

Acho. *Rosa de Ouro* é um marco, mesmo.

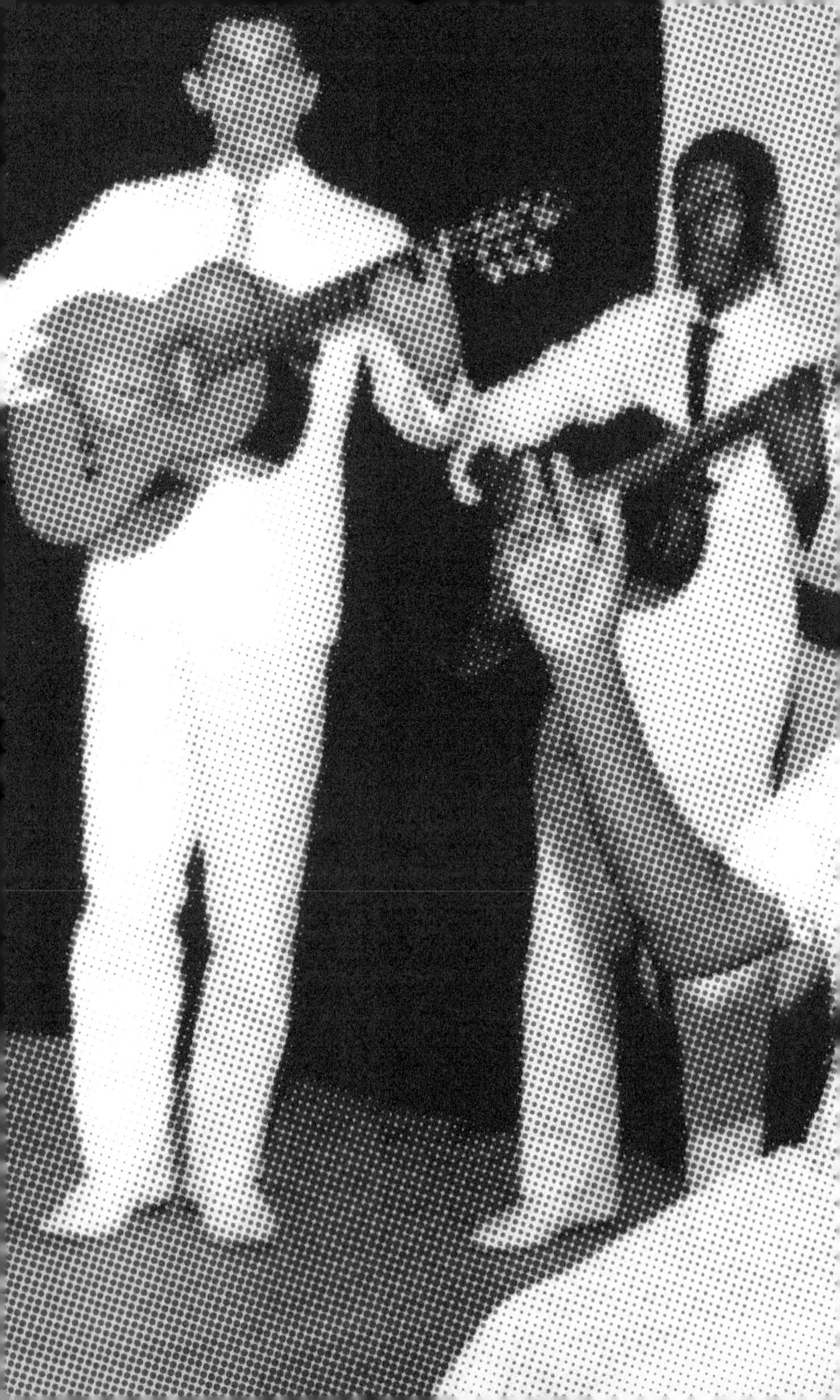

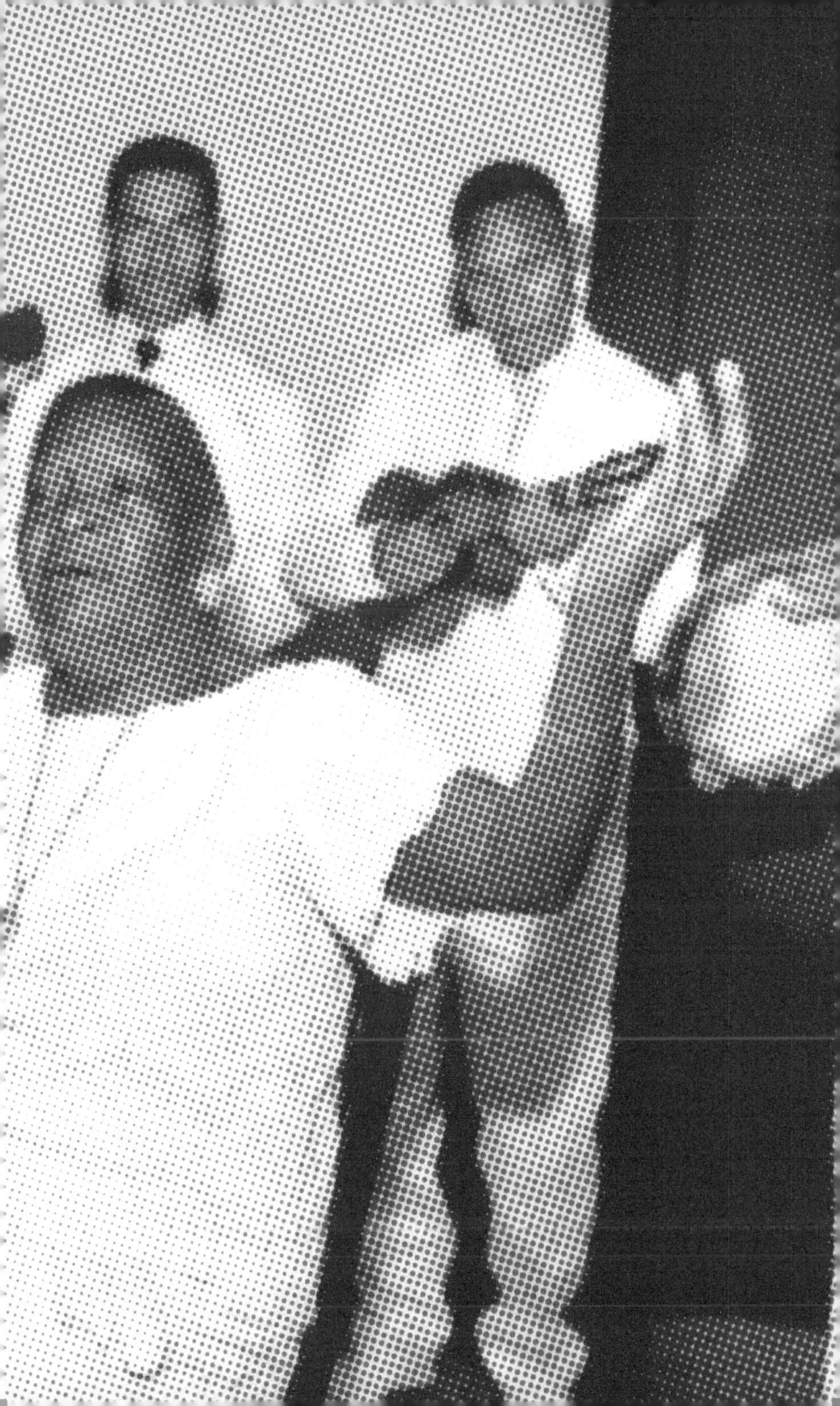

Nelson Sargento

Conta pra nós o que você fazia antes de ser convocado pelo Hermínio Bello de Carvalho para participar do espetáculo *Rosa de ouro*.

Eu fazia samba e pintava paredes, na construção civil. Porque, quando saí do Exército, as únicas coisas que eu sabia fazer eram pintar parede e fazer samba. Apesar de ter feito um primário muito bom, e ainda dois anos de ginásio naquele artigo 99, mas... Você sabe, no meu tempo de criança todo mundo era prisioneiro. Era aquele tempo: "a mamãe não dorme enquanto eu não chegar", isso era a realidade. Quando as pessoas atingiam vinte anos — "Liberdade!", de repente me vi no Exército, era Terceiro Sargento, eu disse: "o mundo é meu".

Daí o apelido?

Vem daí o apelido. Nasceu justamente por causa do *Rosa de Ouro*. Naquela época, os teatros, as peças de teatro tinham um livreto que mostrava o elenco, falava coisas da peça. Era muito cultural, mas eu perdi o meu. E no livreto botaram "Nelson Sargento", devidamente batizado no *Rosa de Ouro*.

Mas era por conta do exército? O pessoal sabia disso?
O pessoal sabia que eu tinha vindo do Exército.

Bom, você disse que pintava paredes e era sambista, com que idade você compôs o seu primeiro samba?
Meu primeiro samba foi um samba enredo, na época em que o enredo não era quesito oficial. Foi com o Alfredo Português, que era meu pai adotivo, um bom letrista, considerado por Cartola, por Aloysio Dias, por Geraldo Pereira, bom letrista. Quando ele soube que o enredo era o Rio São Francisco, ele fez a letra e eu fiz a música. Comecei minha carreira musicando, antes de escrever. Isso aconteceu em 1948.

Em 1948 você tinha 24 anos.
O que eu fazia? Pintava paredes e fazia samba. Frequentava rodas de samba, não como as de hoje, eu frequentava escolas de samba, e aí a gente faz conhecimentos. Aí conheci o Elton, o Anescar, o Jair do Cavaquinho, o Joãozinho da Percadura, e fui conhecendo vários sambistas que, como eu, também não eram profissionais.

Não dava pra ganhar a vida tocando samba naquela época.
Não é que não desse, não se tinha essa preocupação de sair ganhando dinheiro com aquilo que eu fazia, com o samba que eu cantava pelas rodas de samba. Primeiro que o samba enredo, antigamente, não dava dinheiro. E samba enredo fiz em 1948, 49, 50, 52. Justamente com Alfredo Português. Mas não dava dinheiro, tinha a satisfação de ter ganho e de ter derrotado os concorrentes, era o que se ganhava. Por isso fiquei muito conhecido, no meio dos sambistas de escola de samba. Até em 1955 aconteceu um samba chamado "Primavera", que era um enredo da Mangueira chamado "Cântico da natureza". Como esse samba tem

um refrão que fala de primavera, ficou rebatizado de "Primavera". Então esse samba fez sucesso no meio dos compositores de escola de samba, muitas pessoas passaram a me conhecer, era o samba do Português, o samba do Nelson, só Nelson. Quando eu saí do exército, como disse, só sabia pintar parede e fazer samba. De repente chegou lá em casa um cidadão chamado Hermínio Bello de Carvalho, levado pelo Elton Medeiros. Chegaram lá em casa e eu não estava, claro. E aí falaram com minha mulher, que eu deveria ir a um teatro. Quando cheguei em casa, ela me deu o recado, e eu pensei "o que será que é para fazer? Será que é para pintar o teatro?" Como eu sabia que pintores faziam cenários para teatro, me lembrei do Carybé da Rocha, pensei "isso eu não sei fazer". Afinal de contas, estava trabalhando e não fui.

Você achou que fosse alguém querendo te contratar pra pintar o teatro e não foi?
Não fui porque estava trabalhando. Aí vieram pela segunda vez. Eu também não fui. Então vieram pela terceira vez com um ultimato: "ou ele vai amanhã ou não vai mais!" Aí, quando cheguei em casa, ela me disse: "O senhor Hermínio e o senhor Elton disseram que se o senhor não for amanhã, não vai mais". Aí eu disse assim: "não vou perder esse trabalho. Quando acabar esse, vou dizer que faço o deles". Mas quando cheguei no Teatro Jovem, olhei e estavam lá o Elton, o Paulinho, o Jair e o Anescar. Olhei para eles e perguntei: "poxa, será que eles vão trabalhar também?" Aí disse: "de que se trata?", e disseram: "você tem violão?" Eu disse: "não, não tenho". E eles: "então trate de arranjar, porque você vai fazer parte aqui desse espetáculo." Aí aquilo para mim foi um susto. "Vou fazer o quê, aqui?", me perguntei. Aí o Hermínio perguntou "você sabe cantar samba?" "Eu sei" "Sabe tocar violão?" "Um pouco" "Tá bom, então serve." "Os ensaios

começam amanhã, veja se arranja um violão". Na época eu estava trabalhando em uma casa, cujo dono era dono da Rum Bacardi. Começaram os ensaios e eu não tinha violão. Na casa em que eu estava trabalhando tinha um serviçal, um faxineiro, que tinha um violão, e eu perguntei se ele queria vender. Eu não me lembro quanto. No dia seguinte, cheguei para o Hermínio e falei: "tem um violão assim assim, o cara quer X". Ele me deu o dinheiro. No dia seguinte comprei o violão. Nessa época, estava ensaiando, mas ainda trabalhava. Ensaiava à noite, trabalhava de dia. E o violão tinha um tampo verde com uma bandeira brasileira. O Hermínio olhou para o violão e disse "legal". O violão verde começou a fazer mais sucesso do que eu. "Aquele cara com o violão verde!" Aí começaram os ensaios, e tive que parar de trabalhar, porque a peça ia até 11h da noite, 11h30, e aquilo era desgastante. Tinha que acordar cedo, dar duro, para de noite tocar samba. Ganhava um cachê, um ordenado mensal. Não me lembro quanto, mas era um ordenado bom para a época.

Era mais do que quanto você ganhava como pintor?
Olha, eu acho que sim. Aí o *Rosa de Ouro* parece que ficou 3 ou 4 meses no Teatro Jovem, sucesso total. É por isso que eu digo a você, já comecei semiprofissional, porque já estava ganhando dinheiro com música. Aí acabou o *Rosa de Ouro* e voltei a trabalhar. Mas por causa dos componentes do *Rosa*, entrei como componente no grupo "A voz do morro" do Zé Keti, que já tinha um disco gravado na Musidisc. No segundo disco eu entrei. Aí estou quase profissional. Mas acabou o *Rosa de Ouro*, eu disse para o Jair do Cavaquinho, "vamos lá na Odeon". A Odeon fez os dois discos do *Rosa de Ouro*, quando houve a segunda edição do *Rosa de Ouro*, eu já estava mais voltado para a música do que para a pintura. E o Rosa de Ouro foi ao Paraná, São Paulo, Bahia. Co-

mecei a virar interestadual. O *Rosa de Ouro* foi quem me projetou como sambista, eu devo muito.

Você já conhecia a Clementina, antes do espetáculo?
Conhecia a Clementina de vê-la na Mangueira, mas não assim profundamente, como depois do *Rosa*. E Aracy Côrtes eu sabia que existia, assim, como vedete. Eu passei a conhecer mesmo, com mais contato, depois do *Rosa de Ouro*, porque depois ela participou ainda de muita coisa que o Hermínio fez, o *Menestrel*, fez ainda uma peça no Teatro Jovem, do Hermínio, que era Aracy Côrtes, Roberto Nascimento, eu no violão e Jair fazendo cavaquinho... depois fiz ainda umas coisas com Aracy Côrtes, coisa que eu nunca pensei que iria acontecer na vida.

E o que você achou da Clementina quando você a viu se apresentar ali no palco, cantando daquele jeito, o que você achou?
Sempre gostei de música, sempre escutei rádio, mas não tinha o alcance ainda do samba como cultura de um povo. Quando ouvi o Hermínio falar comecei a assimilar coisas. Sei que vi o Cartola e me dei muito com ele, aqueles sambas bonitos que ele fazia. E eu perguntei: "porque é que esse camarada não está no rádio, com tanta música boa." Quando cheguei no *Rosa de Ouro* comecei aprender essas coisas através do Hermínio. Aí sim juntei com o que já sabia, o que ouvia. Eu era apaixonado pelo Orlando Silva, Silvio Caldas, Linda Batista. Eu ouvia esse povo todo, frequentei auditório da Rádio Nacional. Mas não tinha assim noção do tamanho da cultura que o samba é. Isso foi se dando com o tempo. Assim quando vi a Clementina, disse "engraçado. Isso aí é uma coisa que é passado, já não existe mais." Aí vi que o Hermínio tinha o poder de recuperar as coisas que estavam praticamente

esquecidas. Ele tirou Aracy Côrtes do Retiro dos Artistas para fazer o *Rosa de Ouro*. O pessoal do tempo dela, que a viam no Teatro Recreio, estava tudo na primeira fila, gritando "Aracy!". Era uma badalação tremenda. Eu pensei "que negócio importante". E a Clementina, com aquele jeitinho dela, "Benguelê", com o jogo de mão. Formidável.

O que ela tinha de tão especial, Nelson? Na sua opinião, musicalmente falando...
O que a Clementina tinha de especial era cantar e representar um tipo de música que estava quase extinta, que eram o lundu, as corimas, o jongo. Isso era interessante. Eram as coisas interessantes. E aquela voz africana, aquele sotaque, era realmente. Comecei a entender o porquê dessas coisas. E fiquei apaixonado. Agora as pessoas acham que eu sei muito. É um tal de estudante me procurar.

Ela era representante de uma música que estava praticamente acabando, esquecida. Fala um pouco desse lundu, das corimas, dos jongos.
Na época em que eu ouvia rádio, tinha um cantor que fazia esse tipo de coisa. Cantavam macumba, no rádio. Eu não estava ligando para aquilo. Mas jongo, eu já tinha visto quando criança. Vi jongo no Salgueiro, lá tinha um terreiro.

E o que é o jongo, explica pra gente.
Aí é que está. O jongo é um tipo de música acompanhada por tambor. Se você pensar bem, o jongo e a corima têm quase o mesmo andamento. Os mesmos instrumentos, o tambor, os atabaques. E os cantos, alguns religiosos, outros não. O jongo que ficou muito popular aqui foi o jongo da Serrinha. E a corima é a ma-

cumba. Agora, se você vê, há uma coisa aqui muito importante, interessante. O Brasil é um país de muitos ritmos. E quando você olha profundamente, uns começam a se esbarrar no outro. Coco, lundu, jongo, corima, ciranda. E por aí vai. Então é difícil, ainda não vi interpretado com o seu andamento. Porque, de repente, você pega o samba de roda, e não se faz mais samba de roda, só na Bahia, mas esse samba que tomou forma no Rio de Janeiro, engoliu um pouco o samba de roda. Agora, quando vem um baiano com samba de roda é um sucesso. O Nelson Rufino, com o "Descobri que te amo demais..." ["Verdade", de Nelson Rufino e Carlinhos Santana]. Quando vêm com um samba de roda aqui, e gravam, é sucesso. Então, quando você começa a entrar mais profundamente nessa seara, você vai descobrindo coisas. O choro. Os compositores, para não musicarem choro, começaram a fazer samba-choro. Tinha um especialista em fazer samba-choro com humor, um compositor chamado Gadé. Quem gravou muita música dele nesse gênero foi a Isaura Garcia. Agora, o Hermínio bota letra em choro. Eu acho, particularmente, que o choro instrumental não deve receber letra. Mas você pode fazer samba-choro, como aqueles sambas gravados pelo Almirante, que conta a história da "Faustina" ["(Encrencas de família)" de Gadé], é um samba-choro. Não existia música anteriormente, essa não, foi feita já em ritmo de choro, com a letra.

Como surgiu o grupo Cinco Crioulos?
Quando acabou o *Rosa de Ouro*, nós ficamos um pouco desarvorados. O Paulinho foi para a Odeon, fazer carreira solo. Eu e o Jair Cavaquinho fomos ao Milton Miranda, fizemos coros em várias gravações, então ele nos conhecia. Falamos para ele que queríamos formar um grupo. "Um grupo do *Rosa de Ouro*? Eu faço!" Aí ele fez aquela clássica pergunta, "Paulinho está?" "Não,

Paulinho não está". "Bem, então vou pensar." Então eu e o Jair pensamos: "vamos falar com o Elton". Marcamos outra entrevista com Milton Miranda e o Elton convenceu que o Mauro Duarte seria um bom elemento para formar um conjunto, iria suprir a ausência do Paulinha da Viola. E assim fui. Fizemos três LPs lá, com Mauro Duarte. O grupo Cinco Crioulos começou a se desbaratar quando Elton saiu, no último disco do Voz do Morro, que já estava feito, na RGE. Porque, uma coisa engraçada, quando o *Rosa de Ouro* foi formado, foi formado praticamente no Zicartola. E, na época também surgiu o projeto *Opinião*. São coisas praticamente simultâneas. Agora, quem era o Voz do Morro? Era o Elton Medeiros, Jair do Cavaquinho, Anescar, Paulinho, Oscar Bigode e Zé Cruz. Esses eram do conjunto Voz do Morro. Mas o *Opinião* saiu primeiro. Quando o Zé Keti saiu para fazer o *Opinião*, praticamente, imediatamente, veio fazer o *Rosa de Ouro*. No *Rosa de Ouro* tinha Paulinho, Elton, Jair e Anescar, que eram do conjunto A Voz do Morro. O Oscar Bigode e o Zé Cruz não foram escolhidos. Então, praticamente acabou o conjunto A Voz do Morro. E os Cinco Crioulos, com a saída do Elton, começou a claudicar. Então, eu, o Jair e o Anescar começamos a enxertar gente. Não deu mais. Só quando tinha alguma solenidade assim, a gente se reunia, eu, Elton, Anescar, para fazer a tal apresentação. Você sabe que quando se passaram dez anos do *Rosa de Ouro*, pensou-se em remontar o *Rosa de Ouro*, o Elton não quis. Aliás, ele nunca quis. Poderiam se passar dez, quinze anos, ele nunca quis. Ele acha que foi um período muito bom, deu lucros, mas que não fazia mais sentido.

Tem uma coisa importante aqui, você falou que o espetáculo Rosa de Ouro começou no Zicartola. Que ideia que o

Hermínio tinha, era trazer aquela mesa de samba, aquela informalidade que vocês tinham, para o palco?
O Elton já tinha dito ao Hermínio que era preciso fazer alguma coisa com o Zicartola. Lá estávamos os compositores, as pessoas. O Zé Keti era arregimentador. O Zé Keti tinha que trazer as pessoas para cantar. Se tinha cachê ou se não tinha, não me lembro, eu ia lá filar a boia e cantar meu samba.

Mas tinha um palco, não tinha? Só pra gente entender...
Tinha um palco. Os dois músicos que cantavam lá eram os dois irmãos, Waldir e Walter, os dois violonistas. Não me lembro quem era o cavaquinho. O Nelson Cavaquinho era constante lá também. O Zé Keti é que organizava quem cantava. Uma espécie de direção, para não virar bagunça. Era frequentado por Linda Batista, Jackson do Pandeiro... O Zicartola enchia tanto que, aquele pessoal que sobrava, redescobria o Estudantina. Eles iam para o Estudantina. Para você ver como o Zicartola era importante. Era tanta gente... "estamos na rua, não vamos perder o samba". Na Estudantina se apresentavam compositores de samba.

Você acha que foi, mais ou menos, nesse momento que a Zona Sul do Rio de Janeiro começou a entender a onda de vocês?
É possível que sim. A classe média já estava invadindo as escolas de samba, lentamente, mas estavam. Estavam entrando. Quando eu coloquei naquele samba "mudaram toda sua estrutura, te impuseram outra cultura e você não percebeu", é pelos rituais em torno do samba — vestimenta, bebidas, comidas — você sabe, em tudo há um ritual. Então eles começaram a chegar na quadra de samba com uísque, vodka, tudo debaixo de braço. Não queriam tomar mais caipirinha e comer feijoada. Foi uma mu-

dança de estrutura. Eu digo: "não percebeu" porque as pessoas que dirigiam as escolas de samba não perceberam isso, não sentiram que esse povo estava mudando, lentamente, a estrutura da escola. Eu fiz esse samba ["Agoniza mas não morre"] em 1967.

Você podia falar de um samba que está no segundo disco, acho, o volume 2 da trilha sonora do Rosa de Ouro, que é o "Cântico à natureza".

"Cântico à natureza" é o "Primavera", samba enredo de 1955. O nome técnico dele é "Cântico à Natureza", mas ficou conhecido por "Primavera" por conta do refrão.

Alguém trouxe essa composição, que era daquela época, para a segunda edição do Rosa de Ouro, é isso?

Na continuação do *Rosa de Ouro*, na segunda fase, eu entrava cantando. Na primeira não tinha uma música para mim, o Paulinho tinha a dele, o Anescar tinha. Precisava de uma música para mim. Então usei de "Primavera". Então os quatro íamos para a mesa, cantávamos aquele repertório, e eu entrava cantando "Primavera"... "Oh, primavera adorada". Depois, na continuação, para me apresentar, puseram o quinto crioulo.

Como que era o espetáculo, você lembra Nelson? Como começava o espetáculo, o que tinha no palco, quem fazia o que, quem tocava qual instrumento?

O Anescar tocava tamborim e reco-reco. O Elton tocava pandeiro e tambora. Jair, cavaquinho, eu e o Paulinho da Viola, violão. A harmonia era essa: três instrumentos de corda e dois fazendo percussão. O espetáculo começava com a música "Rosa de Ouro", do Hermínio, do Elton e do Paulinho. Dali eles cantavam "Pecadora", Paulinho cantava "Quatorze anos" e cantávamos o samba do Elton, "São quatro crioulos, inteligentes..." então eu entrava para tocar, para seguir o espetáculo. Tocávamos uns *pout-porris*. Apareciam uns slides, com Almirante, Cartola, Carlos Cachaça, Pixinguinha, Ismael Silva, Sérgio Pôrto, Mario Cabral, Donga, e eles tinham uma fala, e os textos eram ilustrados com música. Mario Cabral dizia "sou um pianeiro..."; Sérgio Pôrto dizia, quando cantavam uma música do Zé da Silva. Sérgio Pôrto não, Lúcio Rangel. "Três nomes de um só sambista, Zé com Fome, Zé Gonçalves, Zé da Zilda". Quando estava na Mangueira era Zé com Fome, quando desceu e gravou virou Zé Gonçalves, quando casou com a Zilda virou Zé da Zilda, e Zilda do Zé. Agora uma coisa é verdade. O Zicartola foi muito importante nessas coisas todas. Foi realmente uma mexida na música, porque já estava começando a despontar o futuro, o rock, já estava aparecendo uma coisa com nome de "ie-ie-iê". Era uma época em que toda moça jovem queria ser rumbeira. Se fantasiava, fazia grupos de rumba. Um negócio bárbaro.

Vamos ouvir esse disco e comentar um pouco. Começa por "Rosa de Ouro". Esse violão é seu?
Isso. Esse violão é meu e do Paulinho do Viola.

Mas você também está cantando?
Eu era do coro, todo mundo canta.

Tem uma caixa de fósforo, não tem?
Tem uma caixa de fósforo e uma caixeta. Tem um pouco dos ritmistas da Odeon que fizeram parte desse disco. Marçal, Luna, Eliseu. Quando estreamos a peça, o Hermínio encheu o teatro de gente, de graça. Para sentir o efeito da peça. Eu sei que, quando a gente acabou de cantar essa entrada, ouvimos aplausos. Hermí-

nio falou: isso vai ser sucesso. Você joga lá um público, que se empolga logo com o que vê. E depois também tinha um espetáculo para classe. Antigamente se dava espetáculo para a classe, acho que não se fazem mais isso. As coisas boas desses país acabam. Ninguém quer coisa boa permanente. Mas tudo bem.

Vamos ouvir "Jura". Eu escolhi essa faixa porque é um samba que quem tá cantando é Aracy Côrtes, composição do Sinhô. É uma coisa interessante, porque ela é cantora de teatro de revista, mas com uma empostação completamente diferente de quem cantava samba. Isso deu certo no espetáculo, essa fusão?

Quando a Aracy foi fazer o *Rosa de Ouro*, e foi retirada do Retiro dos Artistas, há tempos que ela não cantava. Então você vê que os anos passam, você perde a potência de voz, mas, a voz que lhe restava, ela sabia como colocar. Esse é o detalhe. Ela tem uma prática de teatro que hoje as atrizes não tem mais. E ela sabe como colocar a voz que tem. A Clementina não, a Clementina sempre teve aquela voz, desde os tempos de jovem. Cantou as corimas delas. Quando chegou no *Rosa de Ouro* não foi um impacto para ela, ela já sabia cantar aquilo.

Vamos em frente, vamos comentar a faixa "Sobrado dourado", que é uma música que tá creditada ao folclore, não tem uma autoria específica.

Isso é um partido alto. Um partido alto é um refrão que você faz, com versos de improviso. Com o tempo, vai ficando com os versos mais conhecidos. Agora, aí é um *pout-porri* de partido alto. Nesse aí, "Sobrado Dourado", eu tenho uma história muito gozada para te contar. Quando a gente estava ensaiando, e fazendo partido alto, o Kléber disse, "quando vocês acharem que dá para improvisar, improvisem. Quando não der, vocês já tem preparado um versinho para cantar." Então o Elton versava o primeiro, o Jair em segundo, eu acho que eu era o terceiro, o Anescar, o quarto, o Paulinho, o último. Então "mandei pintar meu sobrado todo de dourado". Uma vez, na vez do Paulinho, ele disse, "valha-me nossa senhora quanto verso decorado". A plateia caiu numa gargalhada. A gente olhou para o Paulinho com cara de assassino, sabe porquê? Porque não tinha forra, não ia deixar para amanhã. Se o partido prosseguisse, claro que a gente ia se vingar.

Vamos pra seguinte, "Benguelê". Esse era o som que já tava perdido?
Esse era o som que já estava praticamente esquecido. O partido não, o partido alto sempre sobrevive ao tempo. Mesmo mudando alguma coisa na estrutura, ele sobrevive. Mas isso não, esse tipo de corima, de lundu, estava meio esquecido.

Você conhece mais alguma pessoa que cantava desse jeito, que cantava esse ritmo?
Nas rodas de lundu e jongo ainda tinha esse tipo de música, eu era moleque lá no Salgueiro, e via o Caxambu, o seu Castorino, que fazia jongo. Tinha um ritual, criança não podia frequentar roda de jongo, e eu não frequentava. Diz uma lenda que plantavam uma bananeira, e a bananeira, durante a sessão de jongo, dava banana. Sei lá, eu nunca vi isso, não estou querendo testar se é verdade ou se é mentira [risos], cada coisa do folclore.

Qual a importância do espetáculo *Rosa de Ouro* pra sua carreira de sambista?
Minha vida profissional começou ali, no *Rosa de Ouro*. Começou ali, primeiro porque eu nunca pensei em chegar aonde eu che-

guei, um músico, um compositor. Mas eu sempre estive perto das coisas de música. Estive no conjunto Voz do Morro, era um conjunto já formado. Enquanto a gente estava no Rosa de Ouro, nós cinco, o Hermínio, nos apresentava como Conjunto Rosa de Ouro. Mas o conjunto Rosa de Ouro funcionava nos espetáculos que o Hermínio armava. Depois passou para o conjunto Os cinco crioulos. E nunca mais fiz parte de conjunto nenhum. Às vezes eu pensava em rever os Cinco Crioulos, e aí a gente começou a enxertar gente até que acabou. É um negócio que, quando acaba, dificilmente se pode substituir peça no conjunto, depois de tantos anos, fica meio difícil. As pessoas lutam para acabar. A não ser Os Cariocas, eles se dão bem com as peças que colocam, sabem colocar as peças justas. Aí tem uma faixa que é um pout-porri que a gente está cantando "Escurinho".

Para minha carreira foi muito bom, foi através do *Rosa de Ouro* que eu comecei a gravar cantando. Gravei no conjunto A Voz do Morro, em dois discos. Gravei três discos com os Cinco Crioulos. Tudo originário do *Rosa de Ouro*, onde participei, que me levaram a esses conhecimentos, a essa posição. Passei finalmente a viver de música.

Conta pra gente quais são as suas referências musicais. Quando você tava compondo e tocando violão, o que você ouvia?

Os sambistas com quem mais me dei mesmo foram o Cartola e o Nelson Cavaquinho. Conheci Carlos Cachaça, Geraldo Pereira, Silas de Oliveira, todos esses compositores de escola de samba. Agora, o samba que faço são aquilo que eles chamam de "samba de raiz", o samba que aprendi com o Cartola, com o Nelson. Eu, musicalmente, não quero inventar nada. Eu faço esse tal "samba de raiz", porque se ninguém continuar fazendo esse tipo de samba, ele acaba. Daqui a vinte anos você não tem mais referência. Então é preciso que isso seja conservado. O samba ganhou muito sobrenome. Samba-rock, samba-pop, samba-reggae, samba-axé, pagode. Ganhou muitos sobrenomes. Então, consequentemente, algumas mudanças no ritmo e nos arranjos. Hoje um grupo de samba e pagode tem seis percussionistas e um instrumento de harmonia. Então, para caracterizar o samba que faço, que o Elton faz, também precisa de um sobrenome: samba de raiz.

Quais foram os grandes sambistas que você viu tocar e tocou junto com eles?
Toquei com Cartola, com Nelson Cavaquinho, com Mestre Fuleiro, com o Silas de Oliveira, por causa do teatro Opinião, a gente se juntava. Agora, como violonista, eu já toquei violão, mas acontece que o violão evoluiu, e eu não fui atrás. Mas mesmo assim, naquela década de 1950, 1960, 1970, acompanhei Ângela Maria, Augusto Calheiros, Roberto Silva. Aquele violão quadrado. Depois que o Baden Powell mudou a estrutura do violão [risos] que foi realmente uma mudança radical no instrumento, eu já estava pensando em outras coisas, estava virando artista plástico. Mas mesmo assim ainda faço voz e violão, quadradinho, como se diz na gíria. E dá para o gasto.

Quais são os grandes sambistas que você viu tocar, mas não conseguiu tocar com eles?
Não consegui cantar com Wilson Batista, que tinha um conjunto, a dupla Verde e Amarelo. Não consegui tocar com Rogério Guimarães. Mas fui acompanhado uma vez pelo Claudionor Cruz. Era um espetáculo dele, fui convidado para tocar um samba, e fui acompanhado pelo Claudionor.

Qual a importância do disco e do espetáculo *Rosa de Ouro* para a música popular brasileira, naquele momento e também nesse momento de hoje?

Naquele momento, o *Rosa de Ouro* foi espetacular. Atualmente serve para os pesquisadores, para a juventude, que estão cultivando o samba de raiz, que ouve o disco *Rosa de Ouro* com bastante atenção, para aprender muita coisa.O

INDÚSTRIAS ELÉTRICAS E MUSICAIS FÁBRICA ODEON S.A.

℗ 1965 O

RO
ARACY CÔRT

ELTON MEDEIROS, JA
NESCARZINHO DO

BR-XLD 11.254
LADO 2

1 - ESCURINHO (Geral
NEM É BOM FALAR (
2 - SOBRADO DOURADO
(Elton Medeiros) - B
(Folclore) - S
M
3 - NASCESTE

EON

TRIA BRASILEIRA
⅓ R.P.M.

DE OURO
CLEMENTINA DE JESUS
COM
CAVAQUINHO, NELSON SARGENTO,
...UEIRO e PAULINHO DA VIOLA.

MONO

SÃO BERNARDO DO CAMPO - RUA "6" s/n

...eira) - SE EU PUDESSE (Zé da Zilda)
...Silva-Francisco Alves-Nilton Bastos)
...lore) - CLEMENTINA, CADÊ VOCÊ?
...ELÊ (Folclore) - BOI NÃO BERRA
...ARIA REBOLO (Folclore)
...ÊMA (Folclore)
...MA SEMENTE (José Ramos)

© Charles Gavin, Canal Brasil; © Desta edição, Ímã Editorial

Direção geral Charles Gavin
Coordenação Luis Marcelo Mendes
Edição Julio Silveira
Projeto gráfico Tecnopop
Revisão Priscilla Morandi e Jackson Jacques

Agradecimentos especiais a
Paulo Mendonça • André Saddy • Carlinhos Wanderley
Catia Mattos • Canal Brasil • Darcy Burger • André Braga
Bravo Produções • Gabriela Gastal • Gabriela Figueiredo
Samba Filmes • Zunga • Yanê Montenegro
Oi • Secretaria de Cultura Governo do Rio de Janeiro

G677   Rosa de ouro (1965) : Aracy Côrtes e Clementina de Jesus : entrevistas a Charles Gavin / Entrevistas de Hermínio Bello de Carvalho, Elton Medeiros, Paulinho da Viola e Nelson Sargento. — Rio de Janeiro : Ímã | Livros de Criação, 2016 .
       86 p. : il. ; 21 cm. — (O som do vinil).

     ISBN   978-85-64528-36-19

     1. Música popular — Brasil — História. 2. Músicos — Entrevista. I. Bello de Carvalho, Hermínio 1935 -. II. Medeiros, Elton, 1930- III. Paulinho da Viola [Paulo Cesar de Faria], 1940-. IV. Nelson Sargento [Nelson Mattos], 1924- V. Gavin, Charles, 1950- VI Título VII Série

                             CDD 782.421640981
                             CDU 784.4(81)

Publicado em comemoração aos 80 anos de Hermínio Bello de Carvalho, os 90 anos de Nelson Sargento e os 50 anos de *Rosa de Ouro*.
O projeto empregou as tipologias FreightText e FreightSans.

Ímã Editorial | Livros de Criação
www.imaeditorial.com